航 空 网 络
——战略和结构

[德] 菲利普·戈德金　著

叶志坚　李艳伟　张宝成　白婧婷　译

清 华 大 学 出 版 社

北京交通大学出版社

·北京·

北京市著作权合同登记号：（01-2021-0072）

First published in English under the title
Networks in Aviation: Strategies and Structures
by Philipp Goedeking, edition: 1
Copyright © Springer-Verlag Berlin Heidelberg, 2010*
This edition has been translated and published under licence from
Springer-Verlag GmbH, DE, part of Springer Nature.
Springer-Verlag GmbH, DE, part of Springer Nature takes no responsibility and shall
not be made liable for the accuracy of the translation.

图书在版编目（CIP）数据

航空网络：战略和结构／（德）菲利普·戈德金（Philipp Goedeking）著；叶志坚
等译．—北京：北京交通大学出版社：清华大学出版社，2021.5
书名原文：Networks in Aviation
ISBN 978-7-5121-4402-6

Ⅰ．①航… Ⅱ．①菲… ②叶… Ⅲ．①航空网 Ⅳ．①F561

中国版本图书馆 CIP 数据核字（2021）第 022125 号

航空网络——战略和结构
HANGKONG WANGLUO——ZHANLUE HE JIEGOU

责任编辑：谭文芳
出版发行：清 华 大 学 出 版 社　邮编：100084　电话：010-62776969　http://www.tup.com.cn
　　　　　北京交通大学出版社　邮编：100044　电话：010-51686414　http://www.bjtup.com.cn
印 刷 者：艺堂印刷（天津）有限公司
经　　销：全国新华书店
开　　本：170 mm×235 mm　印张：10.5　字数：176 千字
版 印 次：2021 年 5 月第 1 版　2021 年 5 月第 1 次印刷
定　　价：59.00 元

本书如有质量问题，请向北京交通大学出版社质监组反映。对您的意见和批评，我们表示欢迎和感谢。
投诉电话：010-51686043，51686008；传真：010-62225406；E-mail：press@bjtu.edu.cn。

序　言

本书介绍了迫切需要的、深刻的综合网络管理的最新知识和方法。它所涵盖的主题是汉莎集团战略和运营的核心，如今，汉莎集团包括瑞士、奥地利、英国米德兰、布鲁塞尔航空、多洛米蒂航空和德国之翼航空公司的网络，为 270 多个目的地提供服务，每月为乘客提供近 100 万个竞争性的无缝换乘机会。

在美国和欧洲的航空业放松管制后，大的航空公司用复杂的中转始发地和目的地流量取代了对直达航线的传统强调，为网络管理和收入管理开辟了新的、增强的路径。网络管理的概念导致需要内在整合目的地和频率联合配置、定价、机组和机队管理以及许多其他功能学科。汉莎航空已经领先一步，从管理单个网络迈向了管理多个网络。我们在网络管理上投入了大量精力，以避免组织的复杂性，释放创新活力。

近年来，航空业受经济周期性的剧烈起伏的影响，许多航空公司受到严重的影响。尽管大多数大型航空公司已经学会了尽早削减运力，但每次危机来临都需要在结构上重新调整许多航空公司的网络和资源。汉莎航空公司在 20 世纪 90 年代初也经历过这种痛苦的经历，但后来成为了一家强大的航空公司。瑞士航空通过将一个规模过大的网络和机队重构，成为一家盈利的航空公司，该公司现在是汉莎集团的重要组成部分。

凭借我们在管理和重组先进网络方面的经验，以及在创建和扩大星空联盟方面的经验，汉莎航空在现代网络战略和枢纽结构方面被视为全球领先者。这些专业知识大多存在于我们员工的大脑中，以及组织流程和程序中，并分散在数千份文档中。然而令人惊讶的是，在我们的图书馆里，或者据我们所知，在世界各地的任何图书馆里，没有一本专著专门研究现代航空网络战略和结构。与有关收入管理的大量文献相比，这种明显的空白更令人惊讶。关于网络管理的学术文献主要集中在复杂的计算机调度和资源分配上，而不是基本策略。

这本书填补了上述空白。Philipp Goedeking 博士在为世界各地的航空公司、机场和监管机构提供航空网络战略和结构方面的独特经验的基础上，对网络战略和结构的最新知识进行了全面概述，涵盖所有相关方面——从基础市场研究到复杂航班波结构的数学知识。这本书易于阅读，并保持了一个自始至终的战略观点。重要的是，作者提供了创新的观点，即在世界各地的航空公司的日常实践中以及在学术研究中，哪些网络战略方向和由此产生的结构可能会演变。

因此，这本书应该是航空业每个人的必读之书。

2010 年 5 月于法兰克福
Christoph Franz 博士
德国汉莎航空公司
执行局副主席
汉莎航空公司首席执行官

前　　言

　　网络无处不在。每天，我们都要处理一系列的社交网络：互联网、公司内部网、电子线路、微信朋友圈网路、通信网络和银行网络等。在航空领域，网络比比皆是：航空公司提供航班网络，联盟系统包括航空公司网络，机场代表全球基础设施网络，空中交通管制中心确保飞机安全的空中交通管制网络。

　　自民航诞生以来，航空网络的结构和战略发生了根本性的变化。很少有其他全球主要产业像航空业一样受到经济周期性变化的影响。航空公司还不断受到监管变化的影响，从航权限制到航权所有权国家对环境事务的限制。航空公司还面临着各种技术和运行模式的革命性变化的挑战，例如通过互联网或呼叫中心的直接销售急剧增加，以及对低成本运营商等新进入者的准入门槛降低等。

　　航空网络在提高资本运营效率、减少运营支出、创造就业机会及促进区域经济方面发挥着巨大的杠杆作用。所有这些力量都在不断重塑航空网络的成功因素。当一家航空公司制定并实施新的网络战略和相应的结构时，市场可能就已经发生微妙的变化。网络经济的各个方面都面临着持续的压力，但也被视为增加收入和降低成本的未开发机会。

　　网络战略和结构是目标冲突的结果，例如生产率与连通性就是两个相互冲突的目标，这往往会危及盈利能力和增长能力。在经济向好时期运行良好的方法可能在随后的经济衰退中失效。作为回应，航空公司和机场运营商已经学会在机组薪酬、燃油对冲和飞机融资等关键领域灵活应对成本。收入管理已经开发出一些技术，例如复杂的定价机制，这些技术能够对需求的波动做出有益的反应，同时尽可能保持产能的紧张。有时，不理解网络战略在概念和方法上的复杂程度会让航空公司付出相当昂贵的尝试代价。本书旨在帮助相关人员用结构化的方法论理解航空网络战略和结构，启动更多相关的科学研究工作，并提供对实际日常工作的洞察。

I

机场不再把自己看作是基础设施的提供者。越来越多的机场高管将机场或机场集团下的多个机场视为网络运营，而航空公司则是此类网络的供应商。因此，机场显著增强了吸引和获取交通流的能力，并开始积极塑造通往各个目的地的往返航班、频率、时刻和客流衔接的各种组合。为了避免过份依赖代码共享，机场已经开始销售联运机票。随着机场对网络的介入（虽然到目前为止规模较小），网络连通性的管理已不再是航空公司的唯一特权。

因此，本书主要服务于以下广大读者：有经验的航空公司和机场网络规划师，他们可能正在寻找新的战略或策略；网络规划、时刻规划和市场研究部门的研究人员，他们想要跟上网络战略和知识更新的速度；空中交通管理专业和航空经济管理专业的学生，他们必须了解本专业学科所涉及的广泛范畴；准备与专家级管理层进行讨论的高管；以及认识到航空业复杂经济状况和监管隐藏效应的监管机构。

通过提供一个概念框架来构建这个复杂的主题领域，我希望能够促进相关专业进一步的、更专业的、有用的研究，虽然本书包括一些数学，但只要有高中数学课程基础就能看懂。

我非常感谢朋友、同事、客户、家人和其他帮助过本书出版的人。马丁娜·比恩博士、乔治·卡莱加里博士、弗朗切斯科·卡尔维博士、约翰·坎贝尔博士、梅苏特·奇纳尔博士、罗兰·康拉迪博士、安德烈亚斯·戴斯特勒、哈拉尔德·德普罗斯、马里亚诺·弗雷、安格利卡、马蒂亚斯和约翰内斯·戈德金、托比亚斯·格罗舍博士、科拉·哈特曼、沃尔夫冈·科尼希教授、卡斯滕·莱博尔德博士、克斯廷·洛塞卡姆、马伦·马齐诺夫斯基，莱因哈特·莱曼教授、弗朗兹·罗斯劳夫博士、斯特凡诺·萨拉教授、丹尼尔·萨利耶、汤姆·斯大纳克、克斯廷和保利娜·斯特罗瓦、埃娃·玛丽亚·施图尔姆、亚当·塞雷登斯基、琳达·沃尔什、安德鲁·沃特森和吴琪。

除非另有规定，否则本书所有分析基于 2009 年 9 月的数据。

菲利普·戈德金
2010 年 5 月于法兰克福美茵河畔

目　　录

第1章 市场研究：克服数据不完整、数据不一致或数据陈旧

摘要： 策略是一门关于设问的艺术，即"为什么？"。为了确定服务特定目的地网络的原因，关键要解决两个问题：①网络某些部分的需求水平、结构和演变情况如何？②不同市场参与者在这些市场上的优势、劣势、机会和威胁是什么？

这两个问题可靠答案取得需要广泛的市场研究。虽然许多机构提供当地市场的需求和供应数据，但有更多的网络化相互依存的影响很难捕捉，例如，城市配对可能难以研究，数据不一致，特定市场缺失，数据陈旧，或者常常订价昂贵得令人望而却步。航空市场研究正变得越来越复杂。航空业正针对市场诸多方面提供大量的公开数据或商业数据，例如需求或供应的数量和演变、竞争程度，航空公司和航空价值链中其他参与者的运营或财务业绩。然而，各种数据来源往往不足，或存在严重缺失，或定义不一致。与现有的大量数据相比，许多重要信息必须通过人工处理，这又取决于个人能否接触到公司决策层或政府机构部门。在本章中，笔者提供了一个行业术语架构，并讨论了这一领域中最重要的数据来源，同时回顾了有关航空市场的各种观点。

1.1 基础理论回顾

许多关于网络的理论都是以数学图论为基础的。从本质上讲，图论提供了一个直观上可以理解的概念框架，使用简单明了的语言来描述航空网络的各个方面。图论有助于可视化网络的重要方面，对图论的基本理解对于理解航空公司网络的结构和动力学至关重要。

首先，什么是网络？在形式上，网络被定义为：网络=实体+连接（Casti, 1995）。网络 N 可以很容易地理解为由顶点（或节点）集合 V，以及边（或弧）的集

合 A 构成。由于边只能在节点之间构造，任何给定网络中的最大边数都是 $V \times V$ 的笛卡儿乘积。因此，网络中任何边的实集 A 至少是 $V \times V$ 的子集。

网络 N：顶点或节点集 V；边或弧集 A，其中 $A \in V \times V$。

虽然边总是表示两个节点之间的直接连接，但路径被定义为在网络中移动的一系列边，并且没有边被多次使用。与路径不同的是，一个回路是一个边序列，只是其第一个节点和最后一个节点是相同的。

让我们假设一个由九个节点组成的简单网络，A 到 I。

图 1-1 给出了该网络中一组可能的路径的示例，这显然是所有理论上可能连接的子集。每个边连接两个节点。在航空网络中，节点代表机场，边表示航班飞行路径。在图 1-1（a）中，所有的边都是无方向的。在航空公司网络中，情况通常并非如此。乘客一般都是朝一个方向飞行，返回的飞行将是指向相反方向的有向边（或路径）。为了更现实一点，我们给每个人一个方向箭头，如图 1-1（b）所示。想从节点 G 飞到节点 A 的乘客找不到连接这两个节点或机场的边，这些乘客必须飞行一系列后继的边，才能到达节点 A。图 1-1（c）显示了从 G 到 A 的有向路径，由后续的一系列边组成，用航空公司的专业描述来说即每个乘客必须转机。在这个例子中，完全满足了上面给出的路径的定义（即没有边被多次使用）。在图 1-1（d）中，给出了两种循环，左侧的循环从 A 开始，再经过 D、G、H、E、B，然后返回到 A 的回路是一个多段路径构成的；右边的循环，在节点 C 和 F 之间进行乒乓循环，是网络中最小的可能回路。图 1-1 说明了在航空公司网络和乒乓模式中可以发现多大范围的循环。

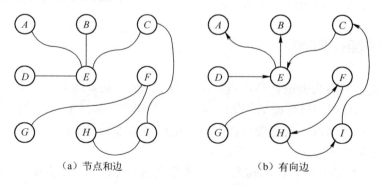

（a）节点和边　　　　　　　　（b）有向边

图 1-1　网络原型

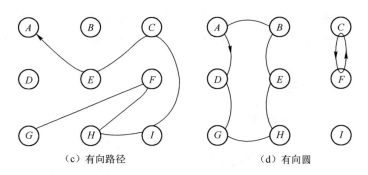

（c）有向路径　　　　　　　　　　　（d）有向圆

图 1-1　网络原型（续）

"路径"一词在更广泛的意义上既包含严格定义的路径也包括循环。

1.2　什么是航空市场?

在航空领域，"市场"一词有两个含义。市场可指某一地区、机场或城市附近地区，或作为交通起点或者终点的集水区。同样的区域市场可能是对外需求的"起点"市场，也可能是进港交通的"终点"市场。又或者，市场这个词可指两个地区（或城市）之间或各自到两地边界的关系。这两个方面都需要不同的数据和方法来研究需求、供应、竞争和各自的监管框架。

举个例子，纽约大都会区（NYC）有一个强大的资源市场。JFK 市场不同于 EWR 市场，柏林（德国）和纽约之间的市场也是如此。航空市场研究必须包括当地（节点）和城市对（边）两个维度。市场也可以应用于一组更广泛的节点或城市对。例如，墨西哥航空市场汇总了来往于墨西哥城、坎昆和其他城市的所有交通；意大利市场包括往返罗马、米兰、巴勒莫和其他意大利城市的所有交通。墨西哥和意大利市场可以被概念化为隐藏节点内部流量的元节点，只留下一些边（国际业务）连接元节点和外部国际网络。[1]

一个简单的例子（见图 1-2）应该有助于澄清其中的一些术语。请记住，流量

---

① 元节点的概念可以与软件工程的基本原理进行比较。McMenamin and Palmer（1988）描述了元节点的概念，即将一组进程构建成一个元进程，这一技术也被称为"气泡图"。

始终是有向的，这种方向性可以表示为节点之间的有向弧。因此，我们所能做的第一个差异就是区分某一特定地区是旅客旅行的起点还是目的地。我们将简要讨论这两种情况。

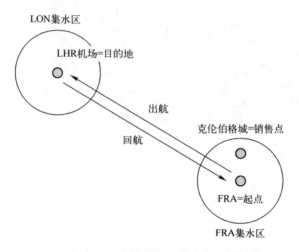

图 1-2   起点和目的地交通的元节点术语解释。

注：1. 商务客位机票 FRA-LHR-FRA 在克伦伯格城出售，使克伦伯格城为此行程的销售点（或 POS）和客源市场。
　　2. 行程从 FRA 开始，使 FRA 成为这个行程的起点。请注意，POS 和始发站不一定相同。
　　3. LHR（London-Heathrow Airport，GB）是当前行程的目的地。从这个行程来看，伦敦是一个进港市场。

1.3   出港市场

往返机票 FRA-LHR-FRA（图 1-2）在法兰克福机场（FRA）出售。通常，FRA 被认为是这样一张票的销售点（POS），但这并不一定是正确的。

集水区是某一指定机场附近区域的最广泛的概念。机场和航空公司有时候定义集水区是根据到机场（汽车或火车）为 1 或 2 小时车程的范围内，或到机场距离为 100～200km 范围内的人口来确定的。集水区概念是用来了解某一机场潜在乘客的人口数量的。

机场的有效客源市场是指以该机场为其旅程起点或返程点的，每月或一年的登机旅客人数。集水区是指潜在的市场维度，而有效的资源市场是指已开发的潜在市场的实际水平。

　　图 1-3 显示了一些选定的欧洲中心枢纽市场的集水区与相应的有效客源市场规模之间的显著差异。票证的销售点（POS）指的是源头市场最详细的具体程度。POS 可指售票的某一城市、社区或旅行社。

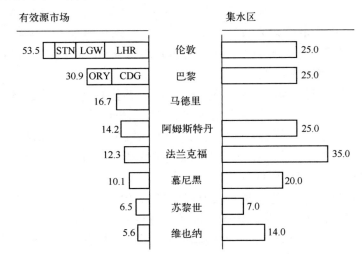

图 1-3　选定欧洲枢纽的有效客源市场规模和集水区（mio passengers p.a.）

[马德里集水区的大小尚不清楚（Goedeking et al. 2009）]

　　举一个例子（见图 1-2）：一张商务客票 FRA-LHR-FRA 是由 Hessen 旅行社在德国法兰克福梅因附近的一个小城市克伦伯格城销售的。克伦伯格城和 Hessen 旅行社代表这张机票的销售点；FRA 机场是机票的始发站，并且 FRA 的集水区一直延伸到克伦伯格城。请注意，在伦敦的客运量统计中，这张票将被算作进港交通。

1.4　进港市场

　　一些机场，如埃及的赫尔格达国际机场，HRG（Hurghada International Airport, Egypt），几乎完全用作旅游目的地，这些目的地机场被称为进港市场。对于进港市场来说，比例要复杂得多，而且很难对出港（或客源）市场进行评估。飞往HRG 的乘客可以继续乘坐汽车或其他交通工具前往 HRG 或埃及以外的最终目的地。这类信息不能从清单中的任何数据中推断出来。要了解有向 O&D 需求的真实性质，必须了解旅行的最终目的地（而不仅仅是多式联运路线的最后机场），因为，知道一张票真正的销售点很重要。尽管有一些先进的运筹学、研究科学正在研究某一特定机场周围某一特定地区最重要的多式联运路线（Mandel 等，1997），但了解进港市场详情的唯一可靠方法是与乘客面谈。几年前，这种定制化市场调研促使埃及南部建立了一个靠近苏丹边境的马萨阿拉姆国际机场（Marsa Alam，RMF），以推动旅游业的发展。

进港市场和出港市场的区别至关重要，因为某些航空公司的战略可以更有效地应用于出港或进港市场。枢纽是交通流量大、中转比例大的机场，由于大枢纽很少能在强劲的进港市场获得成功，因此，大多数枢纽都以全球显著的海外市场为基地。强劲的出港市场通常受到高时间敏感度和高收益需求的推动，通过提供足够的主干网流量，以发展低收益的转机流量。像埃及的 Hurghada（HRG）或全球其他旅游目的地都是进港市场，很少有乘客在 HRG 买票。然而，越来越多的乘客想要飞往 HRG，因此他们在全球各地的销售点购买返回 HRG 的机票，主要是在欧洲和俄罗斯，这导致即便是将规模可观的进港机场升级为中转中心的尝试也很可能会失败。

特例是海湾地区的迪拜（DXB）、阿布扎比（AUH）或多哈（DOH）等枢纽，这些枢纽既不是强劲的出港市场，也不是强劲的进港市场，相反这些枢纽中心的业务模型是建立在大量的交通流量的基础上的。高比重的长途运输线路使它们有别于欧洲的交通枢纽，在 DXB 机场，所有中转连接的机会（见第 2 章），有 26%以上是长途到长途运输，戴高乐国际机场（CDG）和伦敦希思罗机场（LHR）等成熟枢纽的长途中转到长途的比较数据分别为 1%和 6%。

1.5　O&D、航线和航班

假设一名乘客希望从曼彻斯特飞往伊斯坦布尔（MAN-IST）。乘客的主要需求是 MAN-IST，特定路径或特定连接的选择是次要的，并受到可用供给的制约。从严格的乘客视角出发即把真正的出发地和目的地视为一个市场，而不考虑实际的生产问题被称为出发地和目的地市场，缩写为 O&D。机场经常使用不同含义的 O&D，对于机场来说，O&D 通常是指以给定的机场作为一站式或多段旅程的真正起点，或源于世界其他地方的直达或多段旅程的最终目的地。因此，从一个机场的角度来看，一个 O&D 是一个机场连接另一个机场的市场。

为了避免这种模糊性，我们坚持乘客的观点，将 O&D 定义为旅行的第一点和最后一点之间的市场（见图 1-4）。一些城市由于基础设施的限制，拥有几个机场，所以 O&D 是在城市之间而不是机场之间进行的。然而，在一些大城市地区，同一大都市地区内的机场可能为不同的区域市场服务，例如纽约大都会地区的 JFK 和 EWR。然而，在大多数情况下，某一大都市地区的多个机场之间的交通分割是受管制的，而不是由市场驱动的，如上海浦东（PVG）和上海虹桥（SHA）。在图 1-4 中给出的示意图示例中，在 MAN 和 IST 之间有 8 条可能的路径或行程，其中 7 条是必须停留并连线七个机场（通过 LHR、AMS、FRA、PRG、CDG、ZRH 或 MUC）中的一个或多个，以及一条中间无经停的连接。行程被定义为通过网络从源点到目的地无经停的路径。请注意，路径连接的是机场对，而不是城市对。NYC 和 LON 间 O&D 至少有三种不同的直达路径：EWR-LHR、JFK-LHR 和 JFK-LGW。

航线是两个机场之间的直达行程，航班通常带有航班号。请注意，序列航班通常带有共享（虚拟）航班号（Holloway，2003），虽然大多数航班都有独特的航班号，但不是每个航班号码都指向唯一的航班。"腿"和"段"是指一条航线或航班的一个无经停运营行程。图 1-4 中的 MAN-AMS-IST 由两条连接的线路组成，即 MAN-AMS 和 AMS-IST。

市场 MAN-IST 被定义为 O&D。MAN 为 IST 的 O&D 市场可通过八个不同的行程提供服务：一个是中途无经停的，其他是通过节点连接的。行程 MAN-LHR-IST 由相继的两条路线提供服务。

与中转连接有关的各种术语是不一致的。一条合格的连接（见第 2 章 2.3.1 节）在商业上是合理的，有竞争力，运行上可行，在到达航班和离开航班之间有足够方便的中转机会。我们将使用"命中"一词来形容这种合格的连接。命中，加上路线，代表了行程的组成。

机场使用附加术语来区分各种连接，图 1-5 总结了这些术语。机场或航空公司的枢纽管理人员（见第 3 章 3.6.4 节）通常需要从特定机场的角度来看待换乘流，而不是从需求驱动的乘客角度来看待。两个机场之间的直达路线（枢纽 A 和枢纽 B，如图 1-5 所示）通常被称为点对点或者 P2P。从枢纽 A 的角度来看，"后面"流是从任何机场到达枢纽 A 的，并从 A 连接到 B。"超越"流起源于 A，飞向 B，并在 B 再连接到任何其他目的地。最后，"桥梁"流是指从任何地方开始的流，并从 A 到 B 连接，从 B 再连接到其他地方。

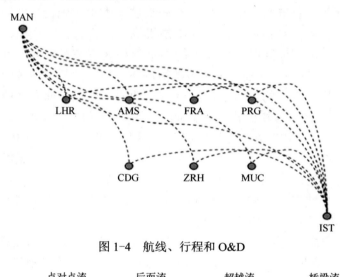

图 1-4　航线、行程和 O&D

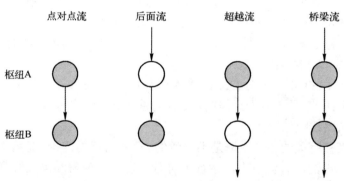

图 1-5　点对点流、后面流、超越流和桥梁流

从特定机场的视角反映出这样一个事实：机场主要不是对真正的 O&D 流程感兴趣，而是了解通过各自机场的实际流结构。他们的问题是：在本机场转机的乘

客是从哪里来的？他们接下来要去哪里？作为向航空公司收费和核算费用的先决条件，机场需要详细了解在该机场转机的中转流，细化到每一个中转乘客。

1.6　获取基本市场研究数据

获取必要的数据以正确评估世界各地机场的进港/出港比例并不是一个简单的过程。来自全球分销系统（GDS）的交易数据或来自国际航空运输协会（IATA）认证的销售代理（data from bank settlement program，BSP）的预订数据可以正确反映大多数出港市场，因为出港市场通常建立在大城市和强劲的商业流量之上。然而，像土耳其安塔利亚这样强劲的进港市场主要由休闲航空公司提供，这些航空公司很少通过 GDS 或 IATA 代理商销售。即便有可能的话，也很难获得强劲的进港市场和旅游市场可靠的客运量统计数据。根据经验，服务某一机场的最大航空公司的载客量份额，可用作进出机场比例的指标。纯粹的旅游或其他进港市场的特征是为这个目的地服务的航空公司是零散的，强劲的出港市场通常由本地航空公司主导。

1.7　研究本地航空市场

为了全面审视本地市场，必须设法了解并解决以下几个方面：
- 需求量和需求结构；
- 竞争（直达路线的竞争或换乘路线的竞争）；
- 基础设施能力和吞吐量；
- 航权等监管框架。

在附录 A"市场研究清单"中，提供了一份更详细的清单。尤其是本地市场的市场研究，取决于当地数据和口碑信息。以下这些全球现有的航空数据来源将用事实证明是有益的：
- 国际机场协会（Airport Council International，ACI）；
- GDS 事务数据（也称为市场信息数据磁带，market information data tapes，MIDT）；
- BSP 数据（IATA）；

- 国家或政府统计数据，如欧洲统计局（欧统局）、T100、DB1B、中国民航
  管理局和英国民航局等；
- 航空公司和机场的网站；
- 航空公司和机场的报告；
- 电子航班时刻表。

经验丰富的规划者也依赖于定性的信息。当公司开办新工厂或关闭现有工厂
或收购或出售其他公司时，它们的公司计划可能包含关于具体路线和市场未来发
展的有用暗示。

关于某一国家需求波动的实际提示可以从支付给长期私营部门或主权信贷机
构的利息中得到，被称为 CDS 扩展（信用违约互换），特别是如果 CDS 扩展被转
换为默认概率（信用违约概率，CDP）。高违约概率意味着高需求波动的风险，而
低违约概率则意味着经济稳定和可持续需求。市场风险的其他来源可从国际货币
基金组织（IMF）或世界经济论坛（Schwab，2009）获得。

1.8　城市对市场研究

城市对可以无经停（边）连接，也可以通过中转连接（覆盖多条边的路径）。
重要的是要明白，无经停与通过中转的问题纯粹是供应问题，而不是需求问题。如
果两个城市之间的需求通过无经停服务实现，这类市场被称为无经停市场或 P2P 市
场（请参阅 1.5 节）。请注意，"本地"一词指的是 POS 或特定的机场（节点），而不
是城市对或机场对（边）。需要中转连接的城市对被称为中转或连通交通。绝大多数
城市对（也称为出发地和目的地市场，或 O&D 市场）都提供中转连接。研究多航
段连接的城市对的需求特征要比了解当地的点对点或无经停的市场要复杂得多。

研究城市对市场的另一个重要方面是认识到城市对的方向性质：市场 A-B 可
能与市场 B-A 大不相同。研究城市对或 O&D 市场比研究当地市场更复杂。由于
语言障碍，数据可用性受到的限制更大，访问数据的成本更高、难度更大。下列
关键问题对了解城市对市场至关重要：

- 需求的数量和结构，包括按服务和/或票价分类的细目；
- 竞争，如竞争性的中转行程；
- 出发地和目的地的宏观经济；

● 监管框架，如航权。

城市对市场数据要比机场或特定城市的数据更难获取，而且通常成本更高。以下是一些城市对市场数据的重要来源：

- GDS 事务数据，也称为 MIDT（见上文）；
- BSP 数据（IATA）；
- 国家或政府统计；
- 国际民用航空组织（International Civil Aviation Organization，ICAO）；
- 航空公司和机场报告；
- 电子航班时刻表；
- O&D 数据的商业供应商。

20 世纪 80 年代末和 90 年代初，全球分销系统（GDS）的出现为获取在多站行程中需求量和结构信息提供了一个理想的机会。在欧洲、北美和大多数亚洲市场，GDS 管理着 90%或更多的预订交易，GDS 开始将这些交易数据以"市场信息数据磁带"（market information data tapes，MIDT）的名义向市场推销。

航空公司订阅了主要的 GDSs 以获取他们的预订交易的副本。作为回报，他们收到了一张详细的图像，说明在特定的时间里，哪些城市是被预订的，哪些航班被选择为直达航班或接驳航班，在哪个城市的什么机构预订了航班，以及航班在运营前多长时间被预订。许多软件公司开发和销售复杂的工具，以提供关于 BSP 或 MIDT 数据的详细而实用的报告。MIDT 数据对于正确合理的网络规划，以及销售计划和控制（如代理机构奖励计划）都是非常宝贵的。

然而，这些"美好的过去"似乎已经结束（Sala，2009）。随着航空公司，特别是低成本航空公司通过互联网和呼叫中心的直接销售急剧增加，这些订单不再出现在 GDS 中。因此，MIDT 数据不再有效和完整。至少在欧洲，新的立法[2]和法院判决[3]进一步限制使用"代理代码"等交易数据的关键要素来确定售票的代理机构。

为了克服市场情报在 O&D 需求方面的明显真空，航空公司、研究机构和市场情报公司开发了各种方法来应对这一挑战。以下是对四种最有希望的办法的简要回顾。

---

② 欧洲议会和理事会 1996 年 3 月 11 日关于数据库法律保护的第 96/9/EC 号指令。

③ Amadeus 诉 IATA 国际商会仲裁案，2009 年 5 月。

1.8.1   基于时间序列的交通预测

长期提供大量交流量的 O&D 间需求不太可能突然巨减或突然膨胀。因此，许多市场研究人员将基于时间序列的预测技术应用于从历史数据中预测当前数据。时间序列预测在某种程度上假定未来是过去的函数，由于这一假设经常被证明是错误的，基于时间序列的技术已在航空业中失去了认可。

1.8.2   数字放大

许多研究人员使用 BSP 和/或 MIDT 数据来扩大更真实的市场规模数字。例如，一家航空公司只需将 MIDT 数字乘 1.4，就能得出更真实的市场规模数字。一般来说，航空公司或市场研究公司使用额外的数据源来源来估计，这些额外的数据源范围涵盖他们自己的库存数据到电话流量数据。然而，用于放大的乘数本身是估计数，很难校准以提供足够的意义。一个已经有缺陷的 MIDT 或 BSP 数字，乘以一个模糊乘数，不太可能在有误差累积时提供精确的估计。

1.8.3   引力模型

一些航空公司和研究人员使用计量经济模型，如引力模型来评估城市之间的需求量。这些模型基于艾萨克·牛顿的发现，即两个质量为 m_1 和 m_2 的物体，距离为 r，则它们之间的引力 R 遵循以下规律

$$R = \frac{G(m_1 \cdot m_2)}{r^2} \qquad (1-1)$$

其中：$G = 6.67 \times 10^{-11} \text{N} \cdot \text{m}^2 / \text{kg}^2$

交通引力模型的假设是城市的经济实力或者集水区可以被概念化为它的"质量"（Grosche and Rothlauf，2007）。按照这个假设，两个城市或集水区之间的乘客需求应与 m_1（城市 1 的"经济质量"）和 m_2（城市 2 的"经济质量"）成比例，与它们之间的距离成反比。衡量一座城市经济实力（"质量"）的一个很好的指标是它在机场提供的座位容量。造成经济质量"重力"的许多其他因素，如直接座位或 m_1 和 m_2 之间的频率，共同国籍、共同市场或共同货币、固定或移动电话流量、

互联网流量、共同语言和共同历史等，可加到公式中。

万有引力模型的结果不应期望在单个 O&D 城市对的水平上提供合理的结果。然而，它们可能会提供一些估计，从而使得国家与国家之间在综合水平上进行相对比较和排名成为可能。

1.8.4　逆向工程

最近引入的逆向工程技术再造需要有效的乘客和交通流统计数据。从对全球所有相关 O&D 的可用需求的随机假设开始，先进的优化技术被用来寻找一组 O&D 需求估计，这些估计能够最有效地解释所有有效的乘客和交通流统计数据。

1.8.5　空白与不一致

从表面来看航空业似乎高度透明，几乎全世界所有市场的需求和供应都有各种各样的数据。但如果仔细研究就会发现许多重大的数据缺陷是非常明显的。

1.8.5.1　数据空白

虽然一些市场有完整的数据，但其他市场的数据的可用性有限，或数据难以获取。在全球一些地区，航空公司不向电子航班时刻表供应商或全球 GDS 供应商上传航班时刻表，因此，这些市场无法获得容量利用的数据。一些重要 GDS 的预订交易无法通过购买获取，这再次造成了理解需求侧的严重空白。用于市场情报的 BSP 数据不涵盖某些重要市场，或被法院裁决阻止用于此类应用，这也是另一个导致数据空白的重要原因。

1.8.5.2　数据不一致

在不同数据源中搜索同一数据项时，很容易发现令人沮丧的不一致性。对于许多美国国内航线来说，由美国运输部 T100 和 DB1B 这两个关键数据源发布的数据表现出明显的不同，这再次与电子航班时刻表中公布的容量数据不匹配。例如，在选定的美国国内航线和时段内，DB1B 统计数为 26 万名乘客，T100 统计数为 32 万人，航班时刻表为 47 万个座位。德国统计局公布了在特定时间段内从法兰克福国际机场到东南亚一个主要中转枢纽的 O&D 上有 447 名直达乘客需求，同时指出在相应这些航班上有近 24 000 名乘客需要在该东南亚枢纽转机。对全球大多数机场来说，公布的航班时刻表并不均衡，这样，时刻表就可以要求比出发容量更多的到达容量，反之亦然，在某些情况下，差别是四倍。对于休闲目的地，乘客的数量在各种数据源中差异显著。希腊的一个典型的休闲机场公布了每年 45 万名乘客，欧洲统计局指出每年有 17 万名乘客，而电子航班时刻表公布的年可用容量只有 11 万名乘客。

1.8.5.3　不一致的定义

要不要将转机乘客在中转点进行一次计数，或者在下机与上机时计数两次呢？国际标准是对换乘旅客进行两次计数。然而，并不是所有发布中转统计数据的机场都适用这一定义或说明其采用的定义。在某些情况下，机场改变了定义而不让公众知道。不一致定义的另一个例子是航空公司人员和机场人员使用的"出发地和目的地"（O&D）的含义不同（见 1.5 节）。

1.8.5.4　缺乏可信度

一些机场公布的数据显然是不正确的或捏造的。例如，多年来，一个主要的欧洲机场一直在公布同样的中转旅客的绝对数字。

1.8.5.5　不一致的数据周期

一些数据可以按日发布（电子航班时刻表和 MIDT 交易数据）、按月发布（大多数机场报告）、按季度发布（至少有股票上市的航空公司和机场的报告）、按半年发布（行业协会）；或按整年发布（许多政府统计数据）。这些数据中的一些数据立即发布（电子飞行时刻表）或一年后发布（一些政府统计）。为了比较来源于不同时间段的数据，有时必须根据所探究问题的假设进行转换。例如，全球许多市场 12 月的交通数据，不能用第一周的数据除以 7 然后乘 31 来推断，因为 12 月通常表现出强烈的季节效应，但在这个月的第一周还没有完全表现出来。作为一项最低要求，推断必须以特定时期容量发展的仔细分析为基础。

第 2 章　网络结构遵循网络战略

摘要：本章将总结和比较枢纽和点对点网络架构的结构、经济和战略的基本原理，介绍航空网络结构的运作基础，并概述掌握全面规划和控制航空网络所需的关键工具。

从历史上看，航空网络是分散的、区域性的结构。航空公司是政府拥有的，因此称为"国家"或"旗帜"航空公司，并且服务于公众或政治愿望去提供航空运输基础设施，所有这些都基于严格的监管规则和限制。在 1978 年美国放松管制之后，高度集中的中心辐射网络迅速发展，成为以低成本服务大市场的看似完美的答案。然而，低成本航空公司拒绝了这一策略，如雨后春笋般地通过提供直达服务来攻击中心辐射网络，因为中心辐射航空公司只提供中转服务。今天，中心辐射网络架构正在发挥其对 LCC 网络结构的优势，而 LCC 则广泛填补了枢纽运营商留下的非枢纽航线的空白。一些最大的枢纽运营商采用了 LCC 枢纽结构，同时保持了整个网络的枢纽结构。反过来低成本航空公司正在提供更多的中转流量，并采用先进的收入管理系统来开发中转流量带来的收入潜力。LCC 标杆公司西南航空（WN）正在凤凰城（PHX）、巴尔的摩（BWI）、拉斯维加斯（LAS）、圣路易斯（STL）、丹佛（DEN）和芝加哥（MDW）开发航班波结构，以改善连通性和中转流量。网络结构和相关商业模式正在日益趋同。经过多次尝试失败后，可以观察到 LCC 首次成功进入长途市场，而许多枢纽运营商已经启动了 LCC 子公司。

2.1　遵守基本运行规则

运营时间问题影响所有航空公司网络的可行或理想的网络结构，而不考虑特定网络背景到底是中心辐射网络、LCC 或其他战略目标。因此在研究连通性和生产率的结构驱动因素之前，我们将审查这些运行事项，主要是所有结构网络变体共同的轮换需求。虽然连通性驱动型和生产驱动型网络结构的差异和相似性代表了网络同时具有的两种特征（兼具性）而非不同的类别，但这种兼具性（连接或者运营效率）的驱动因素在战略目标和运营层次方面明显不同，随后的章节重点聚焦于理解这些底层驱动因素而非结果的特征。

2.2   将航班排序融入航空器周转中

先假设乘客们希望在特定时间从 A 飞到 B。不幸的是由于财务原因或运行限制，航空公司不能同时容纳所有乘客时间偏好。在尽可能遵守乘客需求的同时，航空器根据运行标准，仍然按照特定的计划路径通过网络，驾驶舱或机组人员也是如此。为了描述这种航空器路径，使用术语"轮换"。轮换是一种路径，其特征是以同一机场作为起点和终点，它可以由单个循环组成，但也可以包括多个循环和其他形式的路径。虽然为航空器创建轮换的规则纯粹是技术性的，但驾驶舱和机组人员在与航空公司管理层的漫长劳资纠纷中谈判他们的规则。

生产要求不允许网络结构是纯分布式的，但现实世界的网络确实有中心。机组成员都有一个基地，并希望尽可能定期返回。航空器和维修设施也被分配到基地，结果这种基地的向心力在航空网络中形成某种形式的中心。对于许多航班来说，由特定航空器飞行的各个航班（边）的顺序，以及每个目的地（节点）的到达和离开时间，等同于"时刻表"。这种"轮换计划"通常是通过甘特图可视化。除了航空器有轮换甘特图（图 2-1），类似的轮换甘特图也被生成来服务驾驶舱或机组人员。

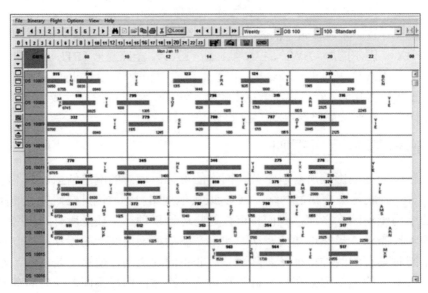

图 2-1   OS F100 航空器（Plancor SA）的轮换甘特图

在第 1 章 1.1 节中，两个后续边的理论类型是不同的，可分为循环（第一个和最后一个节点是相同的）或路径（不超过一个边）。我们在航空公司网络中查找路径和循环，在生产中，循环显然占上风，因为航空器和机组人员最终必须返回他们的基地。

最常见的循环类型是"乒乓球"飞行。特定航空器首先在一个特定方向上飞行，然后返回到始发起点，该方案具有高运行稳定性的优点：

● 航空器经常循环停靠它们的基地，以便进行简单维护工作；

● 驻扎在同一基地的同一类型的航空器都有规律地到达基地，短暂停留，然后离开；这样，一架航空器很容易被另一架航空器替换，从而降低了运营中断的可能性（图 2-2）；

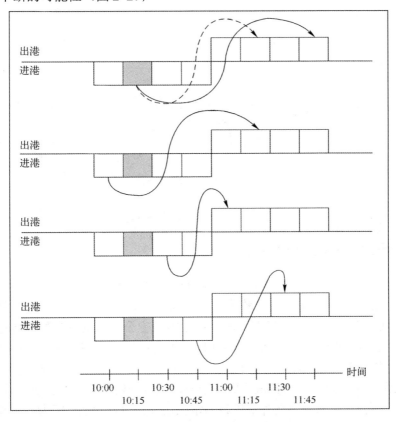

图 2-2　运行中断时的循环交换

● 基地的备用航空器可用于纠正运营中断。

在图 2-2 中，"灰色"进港航空器计划在出港波（虚线）内第二个出发。假设存在技术问题，该航空器只能执行该波的最后一次出发飞行（如第一行图中实线所示）。在这种情况下，图 2-2 中下面三行图中指示的周转序列可以确保所有航班按时刻表离场。

由于其效率和稳健性，LCC 通常会进行"乒乓球"循环飞行。在某些极端情况下，一些航空公司飞行延伸路径或周转，例如巴布亚新几内亚航空公司的一个航班号 CD359 涵盖九个目的地（见图 2-3）。

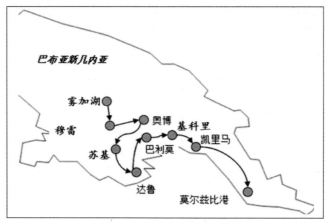

图 2-3 一个有八段的航班

2.2.1 过站时间是非生产时间

航空器到达后需要一段时间才能再次起飞，从接触门（"挡轮档"）到再次从门推出（"撤轮档"）的时间跨度称为飞机的周转时间（TAT）。TAT 是与特定的航空器、机场、航空公司和轮换有关的。低成本航空公司以其高效的周转程序而著称，它们大大增加了航空器以及终端和停机坪资产的利用率。典型的中程航空器（如 A320 或 B737）的 TAT 大约为 45 分钟，较小的航空器通常过站较快，宽体航空器需要更多的时间。一些低成本航空公司，如瑞安航空公司，在 20 分钟的短时间内就能完成 B737 过站。在外地过站通常比在基地过站更快，因为在基地需要执行日常维护工作。TAT 与机场进出港时间不同（见第 3 章 3.7.3 节），机场进出港时间的含义更广泛，包括滑行、起飞/降落和进近/爬升所需的所有时间。

2.2.2　建立航班序列：FiFo 和 LiFo

航空公司通常采用两种不同的方法来实现有效的资源分配：先进先出（FIFO）和后进先出（LIFO）。

2.2.2.1　先进先出

让我们假设一个假想机场的一系列进港和出港航班（见图 2-4）。任务是以最佳方式链接（轮换[④]）B737 航班。FIFO 只需将较早的第一个进港 B737 航班与第一个 B737 出港航班联系起来，然后在接下来的进港航班上重复相同的程序，直到所有 B737 航班完全相连。

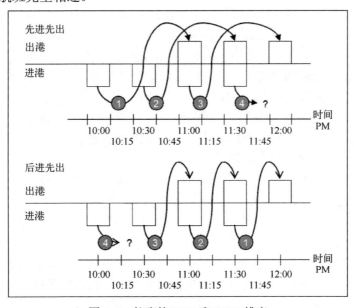

图 2-4　航班的 FIFO 和 LIFO 排序

---

④ 这种排序并不一定会导致完全的轮换，因为有一个共同的起点和终点机场。然而，在通俗的航空术语中，几乎所有的航班顺序都被称为"轮换"。

2.2.2.2 后进先出

使用与 FIFO 案例相同的示例，LIFO 从晚上的最后一个 B737 进港航班开始，将其与下一个可用的 B737 出港航班联系起来。然后继续该过程进行倒数第二个进港航班与其相应的下一个可用（并且尚未链接）的出港航班相关联，以此类推。

FIFO 可生成高效、均匀封装的周转图谱，FIFO 的包装更紧凑，但有时会拉开时间间隔。因此当需要灵活性时，基于 LIFO 的周转，通过一定的限制，可以提供更多的机动性。

2.3 中心辐射网络是放松管制后的最佳解决办法吗?

网络航空公司尝试优化连通性，或者说优化到达航班连接到出港航班的能力，从而创建一条路径。中心化的网络结构是关键，这些中心通常被称为"枢纽"。确保方便的连接需要两个关键标准：在特定时间段（一天或一周）提供的连接频率和所需的安全连接时间。鉴于中心枢纽连接的巨大商业影响，枢纽航空公司非常注重优化航空器的时刻安排，不仅关乎生产效率，而且关乎生产质量的关键指标、网络连接。网络中的竞争性连接列表是通过一些中心节点（或枢纽）的一组精心管理的路径。因此，放松管制后，几乎所有美国主要航空公司都迅速采取行动，用先进的、连接驱动的中心辐射系统取代传统的点对点网络。例如在亚洲，我们仍然观察到许多高度管制的市场和政府指定了国家交通路线和票价，网络结构远不如竞争激烈、放松管制的环境中的同行先进。

在美国，航空公司在 1978 年卡特政府为完全解除管制铺平道路之前，必须获得政府的"指定"，才能为航线提供服务。

为什么 20 世纪 80 年代初的美国航空公司（以及之后不久的欧洲航空公司）如此渴望采用轮辐系统，即使这意味着要求乘客在他们传统的直飞市场上联系中转连接？换句话说，为什么枢纽经济看上去如此诱人？

点对点网络中所需的航线数量[白条（图 2-5）：$Q=n \times (n-1)$]比枢纽网络的连接增长得快（灰条（图 2-6）：$Q=2 \times (n-1)$）

公式（2-1）计算 P2P 网络（图 2-5）中连接所有目的地所需的线路数

$$Q = n \times (n-1) \tag{2-1}$$

其中，Q 是有向线路数量，n 是服务的机场数量，包括枢纽。有时 Q 的计算公式有些文献中也写成 $Q = \dfrac{n \times (n-1)}{2}$ 或者 $Q = \dfrac{n \times (n+1)}{2}$，这是所需无向线路数量的计算公式。

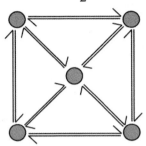

图 2-5　在点对点网络中，5 个节点的连接需要 20 个航班

之所以除以 2，是由于这些公式考虑了线路是双向的。路线在商业术语和运行术语中是有向的。在网络拓扑理论中边是非方向性的，n 个节点的网络中的边的数量是通过除以 2 来正确计算的，因此使用"除以 2"的方法有些粗心的背景源于网络拓扑理论。由于航班或 O&D 始终是有向的，因此非方向性的"计数"在航空网络中是不合适的。

$n \times (n-1)$ 假定枢纽是 n 个机场中的一个，但是 $n \times (n+1)$ 不包括枢纽，它表示假设有 n 个机场相互连接，加上一个中心枢纽下的有向线路数量。由于枢纽也是机场，且作为起点或目的地满足常规需求，因此 $Q = n \times (n-1)$ 这一表达式在航空领域是最合适的。

完美枢纽系统由枢纽连接所有辐条形成典型的星状连接，所需的路线数量（图 2-6）：

$$Q = 2 \times (n-1) \tag{2-2}$$

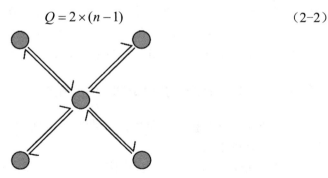

图 2-6　在枢纽系统中，可以通过八条有向路线连接 5 个节点，包括中转连接

其中：Q 为有向路线的数量，n 为机场的数量，包括中央枢纽。图 2-7 是点对点连接网络结构与中心枢纽辐射网络结构所需的航线数量随不断增加的机场数量而变化的对比图。

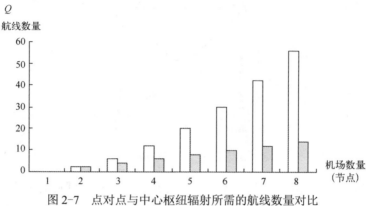

图 2-7　点对点与中心枢纽辐射所需的航线数量对比

如公式（2-1）和公式（2-2）或图 2-7 中数值所示，所需的路线在 P2P 系统中是 $n \times (n-1)$，随机场数量增长非线性增长，而在枢纽网络架构中所需的路线是 $2 \times (n-1)$，随机场数量增长而保持线性增长。假设每个 O&D 的需求有限，网络越大，通过枢纽服务就越有效。

枢纽为主要运营商提供了在各自机场控制交通的机会。这种运营优势可以扩展到商业和其他类型的优势，如主导品牌外观、控制公司财务和价格控制。通常这被称为 S 曲线效应。这种效应将需求份额比例不足描述为运力份额比例不足的一个函数，同时运力份额比例过高会转化为需求份额比例过高。S 曲线效应必须区分起点机场、中转枢纽、目的地，或根据每个 O&D 对或机场对。然而至少在 O&D 的水平上，S 曲线效应非常弱（见图 2-8），它不具备战略杠杆的资格。

2.3.1　连通性：枢纽网络结构的中心范式

连通性被定义为提供竞争性连接的能力。我们将竞争性中转连接称为"命中"。命中必须满足以下所有条件：

- 最短连接时间（MCT）：连接必须在最短连接时间内完成。适用的 MCT 由机场提供，每月更新。通常每个机场都会公布标准 MCT 列表及许多例外情况，例如 MCT 取决于当前连接的国内或国际维度。因此 MCT 表区分了国内到国内（DD）、国内到国际（DI）、国际到国内（ID）或国际到国际（II）连接的 MCT。由于与至少有一个国际航段的连接通常需要通关程序，因此它们通常需要比两个国内短程航班之间的连接更长的 MCT。MCT 表中的其他标准和特定的航班号、航空公司、始发地、目的地、到达或离开的航站楼，或什么的有效期？是护照、签证、执照还是航空器运行许可的有效期？通过发布 MCT，相应的机场保证符合 MCT 表中规定的规则的所有连接对于乘客和行李都是可行的。由于许多机场公布了大量的 MCT 异常，因此在评估连通性时，充分考虑所有 MCT 异常是必不可少的。图 2-9 显示了一个典型的 MCT 表的摘录。

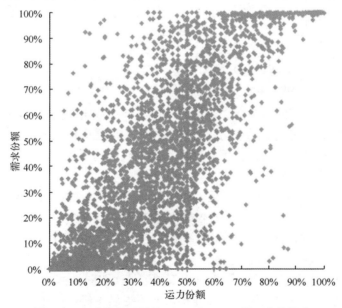

图 2-8　全球随机选择的 4 300 个 O&D 的 S 曲线效应

由于小型机场往往具有明显更短的 MCT，因此它们可以提供更快的中转连接。另外，大型机场通常受到更多约束，并且只能提供相对较慢的连接（在图 3-29 中，我们提供了这一观察的定量证据）。因此，在小型机场运营的航空公司可以比在大型枢纽运营的航空公司提供更快的连接。

到达站代码	离场站代码	连接类型	MCT	单程指标	连通频率	到达承运人代码	离场承运人代码	到达航班数字范围	离场航班数字范围	前站代码	下站代码	有效日期	终止日期
HKG	HKG	II	60	1	1234567	CX	CX		1727			20021111	29991231
HKG	HKG	II	60		1234567	CX	KA		1192			20080813	29991231
HKG	HKG	II	60		1234567	CX	KA		1196			20080813	29991231
HKG	HKG	II	60	1	1234567	CX	KA		1304		CAN	20080813	29991231
HKG	HKG	II	60		1234567	CX	KA		1306			20080813	29991231
HKG	HKG	II	60	1	1234567	CX	KA		1320		CAN	20080813	29991231
HKG	HKG	II	60	1	1234567	CX	KA		1383			20080813	29991231
HKG	HKG	II	60	1	1234567	CX	KA		1385			20080813	29991231
HKG	HKG	II	65	1	1234567	CZ	LY	110	76			20090626	29991231
HKG	HKG	II	65	1	1234567	CA	CO					20060412	29991231
HKG	HKG	II	70	1	1234567	CA	CI			PEK	TWN	20090812	29991231
HKG	HKG	II	70	1	1234567	CA	AE			TSN		20090812	29991231
HKG	HKG	II	70	1	1234567	CA	CI			TSN		20090812	29991231

图 2-9　中国香港的 MCT 表格示例（数据来自 Innovata 公司 2009 年 9 月飞行数据统计）

- 绕行：连接施加的绕行必须足够方便。绕行被定义为进港和出港航段的总距离与第一航段的原点与第二航段的目的地之间的大圆距离的比率（或者在三条航段连接的情况下为分母为第一航段的原点到第三航段的目的地的大圆航线距离）。

正如订票数据显示的那样，乘客在短程航线上接受的绕行系数明显较大；而在长途航班上，可接受的绕行系数似乎要小得多。绕行允许一些折返，这与长途连接尤其相关，长途航行的合理绕行系数大约为 1.2，中短途（从 1.35 到 2.5）连接的绕行系数更大些。

- 双向性：必须每周提供至少一次双向连接（双向性）。该标准存在的原因是难以在一个方向上销售中转连接，而不提供无经停或中转的返回连接。
- 航权限制：根据 IATA 的定义和 IATA（SSIM 2008）发布的标准时刻表信息手册（SSIM）中的文档，必须满足航权限制。

命中必须足够快才有资格作为竞争对手，而那些太慢的命中必须被丢弃。因此问题出现了："足够快"或"太慢"如何确定？定量评估连通性有两种主流方法，一种是基于固定的时间窗口，另一种是基于灵活的时间窗口。

2.3.1.1　固定最大连接时间窗口

在关于该主题的大多数文献中，连接数取决于固定时间窗，称为"最大连接时间"，或缩写为 MaxCT（见图 2-10）。这个概念背后的想法是有意义的连接。

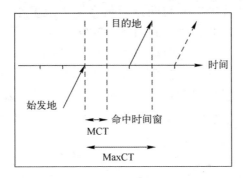

图 2-10　基于固定命中时间窗的命中定义

在完成适用的 MCT 之后，连接必须在预定义的时间窗口（称为最大连接时间或 MaxCT）之前离场。其他标准，例如绕行系数、基本 O&D 双向运行的要求，以及没有更快速的无经停连接，也可能对定义 MaxCT 发挥作用。

必须在 MCT 之后并在 MaxCT 定义的时间范围内离场。存在许多不同的提议作为命中窗口的参数：Doganis 和 Dennis（1989）提出了所有类型连接的标准命中窗口为 90 分钟。Bootsma（1997）建议大陆航班之间的连接时间为 180 分钟，如果涉及一个洲际航班则为 300 分钟，两个洲际航班之间的连接时间为 720 分钟。Danesi（2006）建议了一组不同的值，范围从 90～180 分钟。

然而，所有试图定义固定 MaxCT 的方法都有一个共同的显著缺点，即为了比较的目的，固定命中窗口的价值是有限的。对短途/中途接驳短途/中途的连接而言，具有竞争力的 MaxCT 可能适合欧洲的许多机场，但是对亚洲或南美洲的大型机场来说却过于激进。如果 120 分钟的 MaxCT 可能适合欧洲（中程—中程），则需要至少两倍的时间窗口来满足相同类型亚洲大型枢纽中常见且具有竞争力的换乘时间。另外，如果将亚洲枢纽的开放式 MaxCT 时间窗口应用于欧洲或美国的连通性优化的中心辐射结构，MaxCT 将会被误认为航空公司具有太多的连接从而以为航空公司在该枢纽具有竞争力。

2.3.1.2 自适应命中窗口

在给定的 O&D 上（与换乘点无关）和给定的时间段（从出发时间到到达时间）自适应时间窗口是全局最快的可能实耗时间，包括无经停时间。它以该连接的实耗时间为参考，无论该实耗时间的绝对值有多大或多小（Burghouwt，2007；Burghouwt 和 Redoni，2009；Malighetti 等，2008；Paleari 等，2009）。注意，对于自适应命中窗口，参照的是实耗时间；而对于固定时间窗口，参照的仅仅是连接时间。任何比参考命中慢很多的命中（最多慢 60 分钟）都会被丢弃。至少在概念上，寻找最快连接的时间窗口在无限的时间段内保持打开状态（参见图 2-11）。

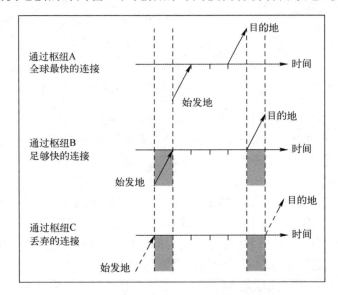

图 2-11　基于灵活命中窗口的命中定义

命中窗口的持续时间定义为由在相应出港航班的计划起飞时刻（STD）和进港计划到达时刻（STA）之间给定的时间跨度内，各 O&D 上的全球最快命中的持续时间外加一些缓冲时间。然后，自适应命中窗口将丢弃比最快命中时间加缓冲时间构成的时间范围慢的任何命中。

其结果是，在全球范围内每个 O&D 上，命中窗口的持续时间自适应各自竞争环境。如果给定的 O&D 上最快的中转连接需要 4 个小时才能连接，极大地延长了整个旅程的总耗时，那么这个耗时虽然从绝对意义上说比较慢，但却是确定该特定 O&D 上连接的竞争力的唯一相关参考。为了进行基准测试，应用自适应命中窗口或 MaxCT 是确保位于不同市场的枢纽连通性的直接比较的唯一方法。然而，由于其概念和实现的简单性，当聚焦于在特定枢纽中构建或评估时刻方案时，固定 MaxCT 是优选的。

满足所有标准（MCT，绕行、双向授予的航权，以及固定或自适应命中窗口）的连接被称为"竞争命中"或"命中"。在自适应命中窗口的框架中，对绕航的考虑不太重要，因为过度绕航总是会在给定的 O&D 上产生较长的实耗时间；反过来这也使得这种连接很可能由较少绕航的连接支配。然而出于计算效率的目的，绕行系数在自适应命中窗口的背景下提供了优势。

2.3.2　连接和代码共享：伪装还是模仿？

经常运营特定航班的航空公司提供机会让一个或多个航空公司根据他们自己的航班代码（航空公司代码加航班号）出售该航班机票，虚拟地向乘客表示该航班由另一个航空公司运营，实际还是本公司执飞，这种机制被称为"代码共享"。代码共享的目的是通过两个因素来提高销售额：①携带熟悉航空公司代码的航班的销售价格优于搭载不熟悉代码的航班；②在 GDS 数据中，即使两个代码中的一个基于代码共享，基于携带相同航空公司代码的航班的中转连接也比其他航班的中转连接更好。在评估连通性时是否应考虑代码？如果是，怎样做呢？

在运行设计枢纽时刻表时，调度员只能计划在其航空公司控制下的航班（或在线命中，其中两个贡献的航班段由同一航空公司操作）。这表明出于规划目的，可以仅考虑本公司运营的航班。但是如果长途代码共享的到达或离开时间是固定的，并且调度程序必须围绕喂给航班做规划，则代码共享在规划中起着核心作用。这同样适用于受反垄断豁免权（ATI）保护的航班。出于营销目的，充分的代码共享的连接显然是有益的。线间连接是两个航段在由不同的航空公司运营的航班之间进行的，并且这些连接不存在代码共享。

根据运行性质或代码共享比例，有四种不同的连接级别。

● 在线运行：连接的两条航段由同一航空公司运营。

- 部分代码共享：一个航段上有代码共享，这对于建立各自的连接是至关重要的。
- 完全代码共享：两个航段都只进行代码共享，并且两个航班都不由代码共享代码所代表的航空公司运营。
- 联程：只能根据不同航空公司的运行和/或共享代码建立连接。

定义命中时，这些共享或不共享代码级别起着关键作用。例如，如果有更快的联程连接，在线运行命中是否有资格作为命中？适用的规则将取决于手头的情况。但是，作为一般规则：

- 连接级别较高的胜过连接级别较低的。
- 更快的在线连接胜过较慢的连接。

实施此类规则的有效方法是在较低等级代码共享的实耗时间中加入时间惩罚，并累计多次惩罚。

2.3.3　通过连接组件评估连通性

建立连接的计算机程序（CB）存在许多变数，主要取决于目的。计算机预订系统（CRS）代表构建连接的最全面实施。CRS 在法律上被禁止对连接进行衡量（"有偏显示"），但明显的例外是某些规则适用于为了显示的排序连接。CRS 倾向于构建并提供许多不合理的连接，尽管有更方便的连接，但仍需要过多的绕行。通常，CRS 根据总的实耗时间排序连接。为了支持时刻表的制定或对时刻表或时刻方案的竞争性评估，CB 必须对竞争力进行严格的定义；如果定义松散，竞争性连接无法与不良连接区分开来。许多 CB 的共同缺点是它们不充分考虑 MCT 的例外情况。虽然 CB 通常被认为是"平均输出"（原因是 CB 采用了 MCT 的平均值）连接时刻的捷径，但对于具有复杂 MCT 规则的枢纽（例如 Paris CDG）而言，采用平均 MCT 的 CB 计算机程序可能导致严重的误导性结果。此外 MaxCT 的定义（时间窗口的宽度，固定和/或自适应命中窗口的参数）在 CB 的各种实现之间变化很大。因此，对复杂航班波设计中可行命中的准确评估很快就变得错综复杂，需要工具支持。

2.3.4　使用 QSI 和市场份额模型评估计划

要估计某一特定航班在某一特定 OD 上的可能市场份额，必须估计该航班的

"效用"或为典型乘客提供的连接。一种行之有效的方法是根据真实乘客的经验数据来反映乘客的决策。让我们假设乘客想要从英国曼彻斯特（MAN）飞往土耳其的伊斯坦布尔（IST）。这位假想的乘客前往曼彻斯特的一家旅行社，要求选择从MAN 飞往 IST。旅行社中的计算机系统将显示几十个潜在的连接，包括通过 LON、AMS、CDG、FRA 和其他中转点的无经停和中转连接。乘客应采用何种评估标准来确定最具吸引力的连接？乘客可能会比较总的旅行时间、相应航空公司的声誉、出发和到达时间以及适用的机票价格。根据这些标准和其他标准的相对重要性，乘客最终会选择一个特定的连接。市场份额模型试图通过量化各种相关质量标准来模拟决策的基本原理，然后对每个标准应用适当的加权因子。以下三类市场份额模型比较盛行。

（1）逻辑模型。如果与竞争对手进行比较，逻辑模型会根据一系列标准评估产品或服务的"效用"。特定购买的概率是它在指数化后的效用份额。为了将逻辑模型应用于竞争航空行程的可能市场份额问题，必须遵循假想乘客使用的四步决策顺序。第四步是检查"效用"对可能市场份额产生的影响。图 2-12 显示了逻辑模型在网络分析中的详细步骤。

（2）神经网络模型。神经网络最好被理解为黑盒子：他们从真实的订票数据中抽取大量样本，以了解变量之间的相互关系，然后运用他们所学的知识预测未知或情景市场的乘客偏好。神经网络产生的结果在许多情况下优于基于逻辑的模型。然而，根据定义，它们并不能提供对它们所学习和应用的规则的洞察。基于神经网络的市场份额模型的许多用户，在不理解模型达到这一结果的原因的情况下，因为信心不足而回避接受神经网络模型的结果。相比之下，逻辑模型提供了可以推理的结果，并且计算过程具有最大的透明度。

（3）服务质量指数模型。服务质量指数与逻辑模型遵循相同基本原理：反映乘客决策。这些模型计算每个连接机会的"服务质量指数"（QSI），并将选定的 O & D 上的所有连接机会中某个特定连接机会的 QSI 得分的份额作为可能产生的市场份额的近似。逻辑模型是 QSI 模型的一种变体，因为逻辑模型假定了驱动决策制定的因素之间的特定关系。不同的 QSI 实现在计算使用的标准和使用多少标准、如何确定相对权重因子，以及如何将单个权重因子组合成一个整体 QSI 方面存在差异。

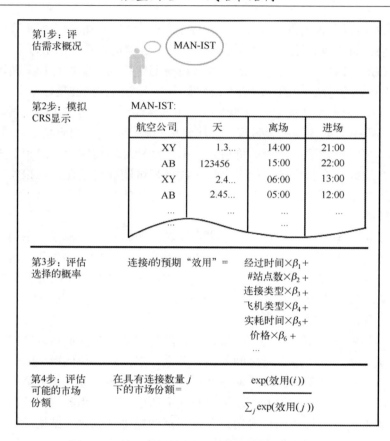

图 2-12　基于逻辑的市场份额估计模型的示意图

2.3.5　溢出和回收

在规划网络的市场性能时，将根据每条航线的需求考虑可用的航空器运力。借助于复杂的数学模型，估算每个航班段的旅客需求量，包括中转前和中转后的旅客需求量。由于运行限制，规划人员经常必须将航空器分配给需求太小的航线，而导致不能满足该路线预期需求。反之，潜在的乘客会被溢出。然而，在大型多枢纽网络中，这种溢出乘客可能会选择稍后的航班或同一家航空公司提供的同一

O&D 的不同行程，这种效应被称为溢出流量的重新捕获。在估算每条路线的可用需求时，完美设计的规划工具会考虑重新捕获的流量。

2.4　点对点直达服务是中心辐射网络存在问题的解决办法吗？

在高度监管的航空市场中，人们发现以 P2P 服务几乎完全独占的分散网络结构明显占主导地位。美国放松管制或欧洲自由化的直接影响是网络架构迅速转变为更加中心化或枢纽化的拓扑结构（见图 2-13）。

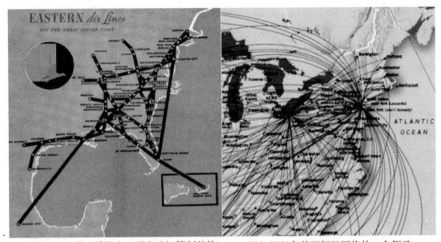

（a）美国一家著名的航空公司在放松管制前的　　（b）2009年美国枢纽网络的一个例子
　　　　分散式网络结构

图 2-13　管制与解除管制的网络结构

在延续监管时代相同机队规模条件下，枢纽网络结构提供了大幅扩展网络范围的机会，特别是进入对直达服务来说太小的市场，或用小规模的机队就能维持原有的网络范围。经济学看起来简单而有吸引力：如果一家航空公司已经提供从 HAM 到 FRA，以及从 FRA 到 FLR 的航班（从而涵盖除了销售佣金、坚果或软饮料的乘客可变成本之外的大部分成本），从 HAM 飞往 FLR 的乘客在 FRA 转机将逼近边际成本。

有一点需要提醒：当航空公司看到基于连通性的枢纽系统的惊人成功和强劲

增长时，许多航空公司订购了更大的航空器，以容纳明显增长的中转乘客群体。然而，许多航空公司忽略了这样一个事实，即当基础运力与 P2P 需求相匹配时，中转流量仅会逼近边际成本。当一家航空公司选择一架更大的航空器，为乘客提供更多的转机座位时，这种运力扩张的成本是全额的，而不是边际的。许多航空公司在发现这些基本经济学规律时不得不削减尺寸过大的航空器。航空器制造商采用新的航空器设计做出回应，特别是长途航空器，在保持长航程的同时提供相对较小的容量。有了这些类型的航空器，航空公司即使在中转流量有限的情况下也能负担得起因提供长途服务的成本，有效地控制了使航空公司头痛的中转服务的全部成本。同时，像 A380 这样的"超级巨型客机"也被引入，以降低大运量长途干线的成本。除了边际成本问题，接驳乘客还需要许多昂贵的额外服务，使成本进一步复杂化。虽然其中一些成本与后面第 3 章讨论的尖峰或"波浪式"时刻结构有关，但现在总结一下各自的成本动因是适当的。下面是部分示例。

1）资产利用率降低

（1）地面资源的非最佳利用：中转驱动的枢纽结构经常将交通聚集到高流量的航班波中，通常由相对流量较低的时段分隔。所有地面设施和程序必须调整适应在这种高峰时期的最大产能，导致在低流量期间资源利用不足。这种情况涵盖从接待前台到推出车辆的所有资源。

（2）航空器和机组人员的非最佳利用：在任何此类航班波或波动系统中，许多航空器必须在前一个站或枢纽等待，以匹配给定进港航班波的时刻要求。航空公司最昂贵的资源——航空器加上机组人员——的闲置时间耗费了大量资金。

2）增加商业复杂性

（1）库存或定价系统中的特殊复杂算法。

（2）复杂的市场研究和竞争分析。

3）提高了运营复杂性

（1）旅客及其行李快速转移到登机口，也要求机场投资建设高性能的行李分拣和运输设备。

（2）额外的安全措施和安全基础设施（请注意，欧洲对申根和非申根旅客的严格隔离，要求欧洲大多数国际机场投入数百万欧元）。

（3）波浪模式容易招致延迟：在一个高度波形化的尖峰形的时刻系统中，任何延迟的进港航班都很容易造成延迟或错过连接。考虑图 2-14 所示的连接与到达后计时关系图，在 MCT 完成后，连接急剧上升，任何延迟的进港航班都会影响一些或许多连接。

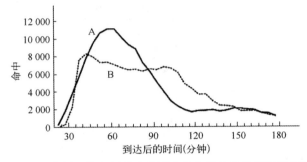

图 2-14　美国两家主要航空公司在各自基地的连接时刻剖面

延迟的进港航班在航空器和机组人员的轮班计划以及登机口、跑道和空域容量方面造成了运行摩擦。比较美国两家主要航空公司在各自主要枢纽的连接时间曲线（图 2-14），航空公司 A 最早在抵达后 25 分钟就开始建立连接。然而，连接的最高频率（称为命中，见 2.3.1 节）在到达后 65 分钟才达到，相比之下航空公司 B 在到达后 30 分钟才开始建立命中，并在 15 分钟后达到最大值。虽然 A 公司可能提供更高的准时性，但 B 公司可能在 CRS 显示器上显得更具吸引力。

从本质上讲，接驳乘客可能会产生复杂的成本，从而严重削弱枢纽网络架构的效率优势。

枢纽网络的战略和实施虽然旨在尽可能多地进行 O&D 的最佳覆盖，但却创造了自己最大的敌人——LCC。虽然枢纽网络运营商认为中转 O&D 太薄而不允许直达服务，并且除了通过枢纽之外无法以较低的成本提供服务，LCC 对这两种信念提出质疑。LCC 的商业模式假设，消除上述所有复杂的成本，因此 LCC 攻击最容易受到攻击的枢纽网络——通过无经停 O&D 服务，否则需要在枢纽系统中进行中转（见图 2-15）。

通过这样做，低成本公司不仅发展了自己的业务，同时也侵蚀了它们同行的需求基础和价格点。

为了保持与无经停服务相同的竞争力，枢纽运营商必须提供快速连接。缓慢的中转连接增加了两个不便：需要连接和浪费时间。提供快速连接的需求，至少部分解释了为什么枢纽航空公司在复杂且运营要求高的连通性网络结构中，投入如此之多。此外，预订系统按照总耗用时间的升序对备用连接进行排序，快的优先权高于较慢的连接。

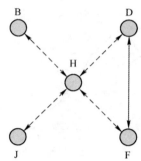

图 2-15 LCC（实线）攻击最易受攻击的枢纽系统——
枢纽网络仅服务少量 O& D 中转流量（虚线）

鉴于枢纽系统固有的巨大规模经济，在成本结构方面，无经停服务如何与枢纽连接竞争？通常 LCC 在与枢纽运营商的直接竞争中提供成功的无经停服务。

LCC 遵循不同的规模经济。虽然网络运营商利用他们可以高频率服务的大量城市对，从而产生规模经济，但 LCC 利用其生产平台（一个统一的机队）的标准化来实现类似或优越的单位成本优势，并允许更简单和更有效的程序（更小的周转时间）。此外 LCC 利用任何其他机会降低生产成本。选择 LCC 无经停服务的乘客可享受无经停服务和更积极的票价，但必须接受由于 LCC 标准化而在地面和航班上缺乏差异化服务的理念。喜欢在同一 O&D 上提供网络运营商的乘客可能需要接受中转的不便，但作为回报，有更广泛的连接选择以及差异化和便利的服务。枢纽化运行的航空公司和枢纽机场越来越多地合作以应对连接的不便。

两种商业模式（网络运营商以及 LCC 运营商）都建立在规模经济的基础之上。但是，两种模式都依靠不同的杠杆来实现这种规模经济。两种商业模式的互补性为乘客提供了超出每种商业模式自身能力的选择。在这种情况下，有两个观察结果很有趣：

- LCC 为许多转机乘客提供服务并相应地制定他们的时刻表，朝着网络运营商的商业模式靠拢。
- 反过来网络运营商和枢纽机场强调在中转点需要提供高便利服务，以抵消中转的内在不便。

2.4.1　小型枢纽：卡在枢纽和卫星城之间

小型枢纽（Hublets）是连接交通量很高的机场，但建立在相对较小的本地需求之上，因此，小型枢纽具有强杠杆作用。在某些情况下，这种强杠杆作用限制了当地需求。奥地利的维也纳（VIE）可作为此类小型枢纽的一个例子：奥地利航空公司（OS）将 VIE 机场作为其基地，为每年 1 200 万乘客、54 个目的地和大约 27 架航空器（全部是 2007 年的数字）的 VIE 本地需求提供服务。在该框架下，OS 在 VIE 的运营中达到了约 60%的中转率。维也纳小型枢纽建立在一个小型人口集聚区上，但与欧洲最大的枢纽相比，在相对连通性方面排名很高。如果没有中转乘客，奥地利航空公司就无法提供多个目的地和高频率的服务。高中转流量使奥地利航空公司能够为维也纳的本地乘客提供广泛的目的地和密集频率的网络。鉴于为维也纳及周边地区的社区和经济提供如此广泛的航班至关重要，一个高性能的中转系统对这个市场也至关重要。对于像伦敦希思罗机场（LHR）这样的枢纽，中转交通是一个受欢迎的意外利润收获；对于像 VIE 这样的小型枢纽来说，则是生死攸关的问题。然而，小型枢纽的战略风险是致命的，如果服务的 O&D 太多且流量小，加上如果必须维持太多的小型销售组织和公司账户，则成本可能会爆炸，并超过可行的收入。如果小型枢纽的网络，与竞争的枢纽或其他小型枢纽的网络显著重叠的话，战略风险会更加致命。在过去的十年，美国东北部的匹兹堡国际机场（小型枢纽）交通流持续下降，其集水区有限且与周围的枢纽几乎完全重叠，导致了匹兹堡国际机场在战略上的脆弱性。

第3章 设计连接驱动型航班网络和枢纽机场结构

摘要： 最有效的连接驱动因素是给定枢纽机场的航班起降数量，因为随着潜在的航班起降数增加，可行的命中大大增加。与普遍看法相反，航班波的数量（进出港航班的时间集群）与连通性成反比，即航班波越少，连通性越好。航班波结构，以及地理位置、运营、基础设施和监管规则，深刻影响着连通性。航空公司已经废除了固定的航班时刻结构，实施了新的航班时刻结构，包括滚动、随机或连续集中航班时刻结构，并取得了不同程度的成功。在本章中，我们将回顾这些航班时刻结构设计的经济意义。

很长一段时间以来，航班网络管理人员一直在他们的预算变更或事业发展动向的建议中使用"连续""滚动""随机""去尖峰"等术语。 但是，根据航班网络管理员的不同，这些概念可能有不同的含义。

并非所有看起来去除交通流高峰的东西都是对低成本航空公司概念的套用，或者是要告别连接或枢纽的概念。要理解概念、术语和方法，我们必须首先了解连接的各种驱动因素如何导致航班时刻结构变化。

在界定航班连通性时，有以下9个关键因素或驱动因素：

（1）进港和出港的航班数量；

（2）单个航班波的时间设计；

（3）航班波的数量；

（4）方向；

（5）航空器的轮换模式；

（6）机场基础设施；

（7）随机性连接；

（8）最小连接时间；

（9）航班波的内部结构。

3.1　连接驱动因素 1：进港与出港航班数

让我们假设 100 个进港航班在 1 小时内直接从西部的不同出发地抵达某个枢纽。从 1 小时后开始，另外 100 个航班在 1 小时内从该枢纽飞往东部的不同目的地。假设 MCT 为 60 分钟，所有进港航班均可与所有出港航班连接。由此产生的可行连接数是进港航班数量和出港航班数量的乘积。由此，我们得出：

$$命中数\ N_{hit}=进港航班数\ b_{in}×出港航班数\ b_{out} \qquad (3-1)$$

在 10 个进港航班和 10 个出港航班的简单情况下，所有这些都在一个单一且定时良好的航班波内，并且忽视任何其他潜在的限制，机场将提供 10×10=100 个连接数，这相当于是理论的最大值。一个机场提供 10 倍的进港和出港航班不会产生 10 倍的连接数，而是 100 倍（100×100=10 000）。这清楚地表明了枢纽机场固有的巨大规模经济。

3.2　连接驱动因素 2：单个航班波的时间设计

航班波是航班进港和航班出港的时间簇，其中进港航班全部在相对较短且有限的时间段内到达，并且一旦大部分或全部进港航班到达后，相应的出港航班在短时间内离开。这样，与随机分布的航班相比，创建许多快速连接的可能性得到了优化。进港航班簇称为进港航班波，出港航班簇称为出港航班波。航班波是进港航班波和对应的出港航班波的合体。进港航班波也称为"前序航班波"，而出港航班波是"接驳航班波"，指的是各自在某个相应完整航班波的时间占比。航班波内的进港航班可能来自类似或不同的方向。术语"叠加"有时用作"航班波"的同义词。图 3-1 显示了具有一个进港航班波和一个出港航班波的系统示意图。为简单起见，我们将参考固定的最大连接时间（MaxCT）。

一个波是进港和相应出港航班波的组合，通过活动减少的时段与其他波分开。术语"波形"描述了一个系统中波动的整体运动模式，其中一个特定的进港航班波后面是一个特定的出港航班波，然后是一系列进出港航班波，并如此反复[⑤]。

---

⑤ Bootsma（1997）将波定义为"进出港航班的综合体，其结构使所有进港航班与所有出港航班相连"。该定义假定了堤岸和波浪之间的一致性，如第 4 章 4.1.6 节所示。连接驱动的堤岸可布置在非波浪结构中。因此，需要明确区分堤岸和波。

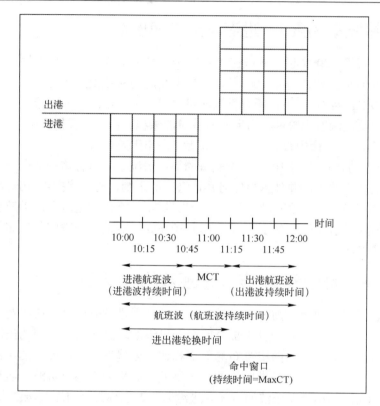

图3-1　进出港航班波的定义（每个正方形代表一个单独的航班）

其结果就是持续的上下起伏式的进港和出港的航班波。图 3-1 是这种波形航班系统的示意性示例，其由一系列非重叠进港/出港航班构建。请注意，"波"和"提岸"指的是不同的概念，堤岸是平整形状的，图 4-5 中展示出了清晰堤岸状但非波状的枢纽时刻结构的示例。大多数航班波结构建立在堤岸之上，但是堤岸系统不一定是波状的。

图 3-1 总结了连通性计算所需的关于航班波的各种时间段的定义。BDI 是指进港航班波的实际持续时间，根据给定进港航班波第一个航班的到达时刻到该波最后一次进港的到达时刻来计算。BDO 是指出港波的实际持续时间，根据出港航班波首次出港的时刻到该波的最后一次出港时刻来计算。BDT 衡量从进港航班波

开始到出港航班波结束的持续时间。“进出港轮换时间”指的是出港波的起点相对于相应进港波开始的时间位移。“命中窗口”描述了进港航班可能与出港航班连接的可用时间段（MCT 是命中窗口的初始部分）。

在最佳连接情况下，进港航班波的最后一个进港航班应能够与相应出港航班波的首个出港航班连接，否则就得在可行衔接数上妥协。因此，出港波必须至少是第一个进港航班开始时刻向前（未来）移动以下时间（进港航班波的持续时间加上 MCT）。

$$\text{shift=BDI+MCT} \qquad (3\text{-}2)$$

其中：Shift 是出港航班波相对于进港航班波的最小轮换时间。

在图 3-1 给出的例子中，最终的最小转换时间为 45+30=75 分钟。

航班波的持续时间（BDI 和 BDO）必须确保最早进入进港航班波的航班能够到达相应出港航班波的最后航班（尤其是在一个有固定命中窗口的框架中）。MaxCT 必须源于市场竞争的要求，而正确的 BDI 或 BDO 是给定 MaxCT 的结果。因此：

$$\text{BDI=BDO=MaxCT-MCT} \qquad (3\text{-}3)$$

假设最大持续时间（MaxCT）为 75 分钟就具有充分的竞争性，最小持续时间为 30 分钟，对应航班波的离港波的最佳持续时间为 75-30=45 分钟。

因此，图 3-1 所示的模式是波长持续时间 45 分钟、轮换时间为 75 分钟的最佳航班时刻结构。该时刻结构使得进港波和出港波相互间隔满足最小连接时间（30 分钟），并且不超过 75 分钟的最大值，以覆盖进港波 45 分钟、出港波 45 分钟并加上 MCT。这个理想示例将产生 256 次总命中数（见图 3-2），因为所有 16 个进港航班可以连接所有 16 个出港航班（16×16=256）。在图 3-3 中，描述了所有命中的连接时间，连接时间的取值范围从 30 分钟到 120 分钟，平均为 75 分钟。

离港时间

12:00	16	16	16	16
11:45	16	16	16	16
11:30	16	16	16	16
11:15	16	16	16	16
	10:00	10:15	10:30	10:45

∑=256命中数

到港时间

图 3-2　图 3-1 所示理想波状航班波的可行命中数

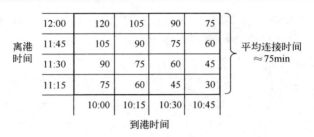

离港时间					
12:00	120	105	90	75	平均连接时间 ≈75min
11:45	105	90	75	60	
11:30	90	75	60	45	
11:15	75	60	45	30	
	10:00	10:15	10:30	10:45	
	到港时间				

图 3-3　图 3-1 所示理想波状航班波中的连接时间

3.2.1　航班波的重叠

在现实世界中，很少能找到严格优化连通性的航班波结构。大多数情况下，航空器和机组人员排班效率的要求导致航班波结构重叠，无论是在进港航班波之间还是出港航班波之间，还是在随后的进港航班波和出港航班波之间，或两者兼而有之。由此，必须区分以下类型的网络重叠（图 3-4）。

- 进港与出港重叠：进港波与对应的后续出港航班波的重叠。
- 进港与进港或出港与出港重叠：在连续进港或连续出港之间的重叠。
- 延迟出港波，由于出港波与进港波时间跨度过大，比人们从连通性的角度预期的要远。

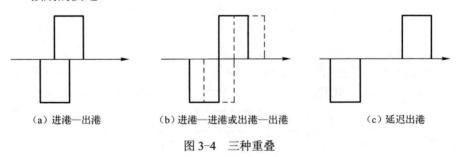

（a）进港—出港　　　　（b）进港—进港或出港—出港　　　　（c）延迟出港

图 3-4　三种重叠

3.2.2　进出港航班重叠

出港航班波应如何跟随进港航班波？它应该与它的前波重叠吗？有没有一些

延迟？让我们首先考察一个概念性案例，然后仔细研究连续的进港和出港航班波之间有限和广泛重叠的实际案例。

图 3-5 中，我们假设 MCT 为 30 分钟；STA=10:00 的抵达航班最早可以与 10:00+30=10:30 起飞的航班相连。因此，10:00 到达的所有四个航班都可以连接在 10:45 到 11:30 之间出发的所有 16 个航班（假设有足够长的 MaxCT）；对于 10:00 到达的航班，这将导致 4×16=64 个命中数。最快的中靶需要 45 分钟（10:00—10:45）；最慢命中需要 90 分钟（10:00—11:30）。同样的命中率适用于 10:15 抵达的航班，因为所有四个进港航班都可以连接所有 16 个出港航班（每个航班的连接时间增加 15 分钟）。但是，10:30 抵达的进港航班只能与 11:00 或之后出发的航班相连，导致 48 个命中数。10:30 抵达的进港航班最快的命中需要 30 分钟（10:30—11:00）；最慢的命中需要 60 分钟（10:30—11:30）。该示例将导致 208 次命中（见图 3-6）并且平均连接时间为约 53 分钟（见图 3-7），连接时间分布范围为 30～90 分钟。

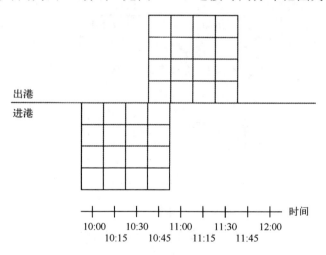

图 3-5　部分出港航班波覆盖进港航班波

48 次命中的丢失（理想情况下为 256 个命中数减去这种情况下的 208 个命中数）是由于进港波之后的出港波非常接近。另外，图 3-1 中所示的平均连接时间 75 分钟相对较慢（与重叠示例中的 53 分钟相比）。进港航班波和出港航班波之间的紧凑时间间隔创造了更少但更快的连接，而进出港波之间宽松的时间间隔往往会创造更多但更慢的连接。

由于航空器过站时间通常比乘客 MCT 短得多，因此提供快速连接时间的航班波设计更有可能提供更高的航空器利用率。如果航班波设计优化目标是最大化命中数（将出港航班波与进港航班波之间的时间间隔如图 3-1 所示安排），航空器必须等待直到出港航班波开始，这个开始时间在所需最小连接时间之后很久。这将导致航空器利用率下降。在利用短持续时间设计航班波时，航空器可以快速周转。在理想情况下，一个航班波内的平均乘客连接时间和航空器过站时间是相同的。非理想航班波命中数如图 3-6 所示，非理想航班波连接时间如图 3-7 所示。

图 3-6　非理想航班波命中数

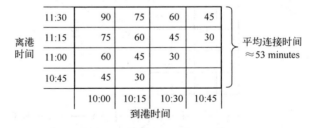

图 3-7　非理想航班波连接时间

图 3-8 是在底特律机场（DTW）的美国西北航空公司（NW）如何将高连通性与快速 TAT 相结合的一个很好的例子。因此有大量命中数、快速命中和高航空器利用率的明显冲突目标只能通过短而快速的航班波结构来组合。由于这需要大量航班波，因此只能在提供必要流量的大型枢纽机场上实施。对于小型枢纽，命中数、命中速度和航空器生产率成为相互矛盾的目标。

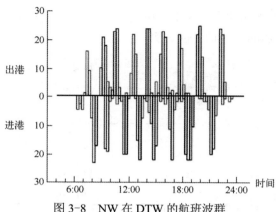

图 3-8　NW 在 DTW 的航班波群

量化进港波与其相应的出港波之间的重叠对命中数量和速度的影响是复杂的。航班波重叠对连通性和生产率的影响取决于航班波的形状和其他因素。虽然模拟可能是量化影响的最佳方式，但更实际的方法可以起到同样的作用。如果一个 MCT 时长的理想进出港转换时间产生最大连通性（100%），完全重叠消除任何连通性（0%），那么，在线性趋势的有限带宽内，重叠损害的连通性或多或少，从 100% 下降到 0%。重叠越多，命中数越少，未命中数增长越快。我们将此效应称为航班波重叠因子（BOF），BOF 的范围从 0（完全重叠）到 1（无重叠，且具有理想进出港轮换时间）。

虽然图 3-8 提供了实际航班波结构的示例，但图 3-9 提供了详细的航班波方向示意图。

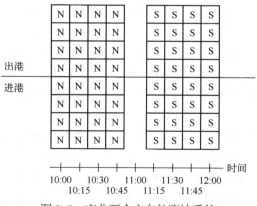

图 3-9　南北两个方向航班波系统

　　图 3-10 所示为 NW 公司在 DTW 机场运行的例子，这是一个航班波在几乎理想的延迟下取得成功的一个指导性案例。

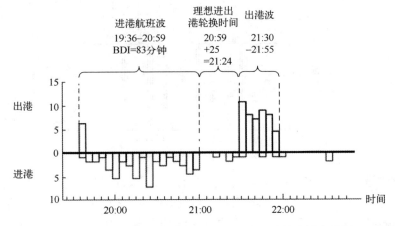

图 3-10　NW 在 DTW 的晚间航班波，以 5 分钟分辨率显示

　　选定的航班波在大约 19:36 开始并持续到 20:59，使得 BDI（进港航班波的持续时间）=83 分钟。出港波于 21:30 开始，持续到 21:55。MCT=25 分钟，最佳转换是 BDI+MCT，即 83+25=108 分钟。因此，出港波的理想开始时刻（确保最后一次进港航班可以安全地连接到出港波的第一个出发航班）是 19:36+1:48=21:24。由于出港波的真正开始时刻安排在 21:30，NW 公司增加了额外的 6 分钟缓冲区。这种安全缓冲时间的基本原理很明确：这个航班波是 DTW 中连接由西向东的乘客的最后一个主要航班波。如果乘客在这个航班波期间错过了他们的中转航班，他们将不得不过夜以赶上早上的第一班航班。因此，安全地安排时刻是提高连接可靠性和乘客满意度的一种手段。在早上的第一个进港波多数是长途并且必须与第一个出港航班波可靠连接的情况下，通常可以找到类似的缓冲区。这种案例在欧洲很常见。

　　图 3-11 展示了汉莎航空（LH）在法兰克福国际机场（FRA）航班波模式，是连续进港波与进港波、出港波与出港波之间重大重叠的一个例子。

　　以晚间航班波为例，进港波持续时间为 18:35—21:50(BDI=195 分钟)，出港波持续时间为 19:30—22:50（BDO=200 分钟）。应用公式（3-2）计算理论上最合适的进出港转换时间 shift=195+45=240 分钟。这与仅仅 55 分钟的实际进出港转换时间（进港开始时刻 19:30 减去出港开始时刻 18:35 等于 55 分钟）形成鲜明对比。出现这种偏差的原因有以下三个。

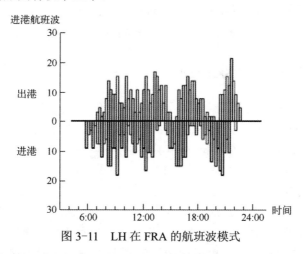

图 3-11　LH 在 FRA 的航班波模式

- 在全球高度拥挤的枢纽机场上，容量限制阻止了人们在约束较少的环境中将会选择的时刻结构。法兰克福机场的容量不足以允许更短的尖峰航班波模式。容量通常是限制连接效率高的航班波设计的最严重因素。因此，在运力受限的枢纽运营的航空公司必须在快速或多个连接之间进行选择。
- 法兰克福机场提供涉及长航程和宽体航空器的许多连接服务。重要的长途航班（从 FRA 到南非的 JNB、巴西的 GRU 和泰国的 BKK）倾向于在最后一个离港波离开，几乎所有航班波的进港波的都可以安全地连接到这些靠后的长航程出港波。该航班波中的大多数短途/中途出港航班主要服务于本地而非中转交通流。
- 在重叠和由此产生的连接数减少之间存在权衡。因此，由于航班波重叠，LH 可能会失去一些命中数。另外，LH 通过显著加速命中获得竞争优势。

3.2.3　进港与进港或出港与出港重叠

从概念上讲，一个进港航班波与其后续进港航班波之间的重叠（出港航班波也相同）是波状和平坦（滚动或连续）枢纽时刻结构模式的组合（见图 4-4）。在

第4章4.1.6节，我们将讨论平坦枢纽时刻结构模式来构建一整天航班波的方法。但是，在本节中，我们将重点关注单个的时刻结构元素。由于以下各种原因，航空公司可能不得不选择这样的组合（进-进重叠或出-出重叠）：

- 基础设施限制可能不允许尖峰航班波系统；
- 平坦模式在命中数量或命中的连接时间性能方面成本太高。

3.3　特殊话题：快速航班波

在大多数枢纽航班波结构中，典型的航班波至少持续 2 小时（进港波和出港航班波合并）（见图 3-8）。在某些情况下（见图 3-11），航班波可能长达四个小时。

这种延长的航班波持续时间增加了产生大量命中的可能性，但是增加了大多数的命中都非常缓慢的风险。图 3-12 是利用更短的航班波持续时间和更多航班波重复频率的枢纽机场时刻结构的示例。在 2005 年，美国航空（AA）在达拉斯—奥斯堡机场（DFW）枢纽，运营着一个持续时间约为 1 小时（进出港航班波合计）的航班波系统，导致一天内有大约 14 个紧密跟进的堤岸状波。这种"快速航班波"试图将快速、更多命中数的商业目标，与最小化航空器闲置时间（等待出港所需的时间）的运营目标相结合。需要注意的是，这种快速的航班波仍然会形成明显的波浪形（尽管不太明显）枢纽结构，这种结构会导致设备和人员集中使用或集中闲置。图 3-13 展示了 AA 航司在 DFW 机场于 2009 年夏季时刻表中和图 3-12 同一时间段的时刻结构，揭示 AA 自此已选择不采用随机航班波。

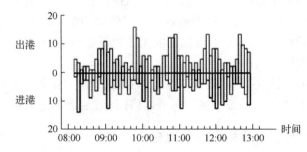

图 3-12　2005 年 10 月 AA 在 DFW 选定时间段的航班时刻机构，
以 5 分钟的网格显示，横轴标尺是 10 分钟间隔

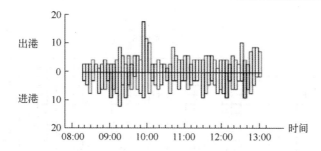

图 3-13　AA 在 DFW 在 2009 年 9 月与图 3-12 同样时间范围的时刻结构

3.4　连接驱动因素 3：航班波的数量

航班波的数量与个别航班波的持续时间密切相关。例如，长持续时间的航班波限制了可行航班波的总数。但是，一整天需要的航班波数量取决于多个因素，而不仅仅是个别航班波的持续时间。考虑连通性、时间覆盖范围和本地需求概况都对航班波的最佳数量产生重大影响。

当我们检查航班波的不同数量对连通性的影响时，我们将假设各个航班波内具有最佳时间比例，因此进港波和出港波由 MCT 分开。由于所有计算都同样适用于波状或平坦航班波，因此平坦航班波的所有考虑因素都可以 1∶1 地适用于波状航班波。

单个日常航班波很难满足每天多次为本地和连接需求提供服务的要求。在 3.1 节，我们考虑了单个进港波有 100 个进港航班的案例，所有进港航班都连接到一个出港波的 100 个航班，导致 10 000 次命中。如果我们将 100 个进港和出港航班（见图 3-14）分解为 10 个日常航班波，则由此产生的模式将提供 10 个航班波，每个航班波服务 10 个进港航班和 10 个出港航班。这样，总数仍是 100 个进港航班和 100 个出港航班，但它们分布在 10 个航班波而不是单个航班波中。

我们可以在这个结构中获得多少个连接（假设航班波重叠因子 BOF=1，无重叠）？在每个航班波中，可行连接的数量是 $N_{hit}=b_{in}+b_{out}$ 或 10×10=100。由于我们有 10 个这样的航班波，因此总连接数为 10×100 或 1 000。将单个航班波场景中可行连接的数量（10 000）与 10 个航班波模式的相应数字（1 000）进行比较，连接数减少了 10 倍——这是我们使用的航班波数。因此，可得

$$N_{\text{hit}} = \frac{b_{\text{in}} \times b_{\text{out}} \times \text{BOF}}{\text{banks}} \qquad (3\text{-}4)$$

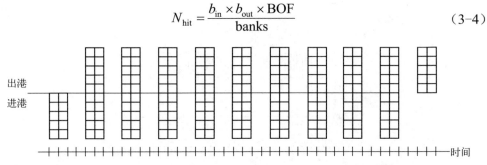

图 3-14　100 个进港航班和 100 个出港航班分布在 10 个航班波中

其中：

● banks 是各个机场的航班波的数量；

● BOF 是航班波重叠因子；

● b_{in} 是总的进港航班数量；

● b_{out} 是总的出港航班数量。

在各种航班波服务于明显不同的航班数量或不同数量的有向流的情况下，该公式可能会过度简化结果。如果当天各航班波之间的交通结构存在很大差异，则必须对每个航班波应用公式（3-4）（没有分母），最后对每个航班波产生的命中数进行总计。

大多数美国大型枢纽机场只提供双向航班流动，即东西或西东。在双向的情况下，连接的理论最大值是 $b_{\text{in}} \times b_{\text{out}}$，比 3、4 个方向或全向情况（参见 3.5 节）的命中数高，这说明双向比多向能改善连通性。相比之下，欧洲的典型枢纽机场是全向的，显著降低了可行的连通性。另外，在美国，波浪形枢纽机场（CO@IAH 或 NW@DTW）服务于 10 个或更多个航班波，这与最大连通性背道而驰；而它欧洲的竞争对手服务 4 个（LH@FRA）或 7 个（Af@CDG）航班波，从而缓解了全方位交通的连通性差的缺点。

健全的航班波的结构必须既可以接驳乘客又可以满足当地需求，这其中包括离开或到达该机场（作为始发地或最终目的地）的旅客。当地乘客通常要求出发和到达的时间在一天中的时间分布更加均匀，而且他们更喜欢早上出发，晚上返回。从连通性的角度来看，在一个航班波的持续期间为给定的中转 O&D 服务两次或更多次对于持续时间相对较短的航班波来说是多余的。出于这个原因，给定的中转来源地在中转机场为给定的进港波服务一次以上，并且给定的目的地在给定的出港波持续期间很少被服务多次。在像法兰克福国际机场这样几乎没有航班波的枢纽中，这个因素（在一个航班波的持续期间为给定的中转 O&D 服务两次或更多次对于持续时间相对较短的航班波来说是多余的）可能与全天以高频率服务主要目的地的需求相矛盾。

可通过评估目的地的平均日频率来计算达到最佳连接的航班波数量，目标是将航班波数量与每个目的地的日频率数量相匹配。让我们假设华盛顿杜勒斯国际机场（IAD）—阿波利斯机场（MSP）的 10 个航班同时到达 MSP，60 分钟后 10 个航班同时起飞，目的地是西雅图的塔科马国际机场（SEA）。这不会导致 10×10 次命中，因为 10 个平行的进港航班相当于一个进港航班（容量是原始航班的 10 倍）。由于相同的逻辑适用于出港，因此 10 个进港航班和 10 个出港航班仍然只计为一次，而不是 100。该规则称为"最小命中标准"。

如果我们假设 MSP 服务 10 个航班波——每个波服务一个 IAD 进港航班和一个 SEA 出港航班，并且 10 个航班波彼此足够不同——那么我们将计 IAD-MSP-SEA 在一天的命中数为 10 个。在 MSP 的 10 个航班波中的每一个都提供一次从 IAD 进港飞行和一次出港到 SEA 飞行。

对于特定目的地 d，在航班波数量 b 和航班频率 F 给定情况下，可以用下式计算具有竞争力的命中的最大数量

$$N_{\text{hit}}^{d} = [\min(F_d, b)]^2 \tag{3-5}$$

通过将所有目的地和相应的日频率下的 N_{hit}^{d} 相加，我们获得给定机场最大命中数：

$$N_{\text{hit}} = \sum_{d=1}^{\pi} [\min(F_d, b)]^2 \tag{3-6}$$

得分越高，命中的接驳越有竞争力。通过插入不同的 b 值，我们可以确定一个机场的特定目的地和频率组合下优化连通性的航班波数量。

图 3-15 将此公式应用于少数选定的航空枢纽，检查各个航空公司在选定的航空枢纽最大命中数随航班波数量的变化情况。以 NW 在 DTW 的情况为例，显然，最佳连通性的航班波数量计算出来是 4 个，而实际上是 9 个。与人们普遍认为的相反，航班的数量并没有增加连通性。如果应用最小命中标准，则它会达到最大值，并且任何高于此数量的航班波在连通性方面都会适得其反。

如图 3-15 所示，如果最大命中数是唯一目标，则大多数枢纽显示航班波的实际数量远高于所需数量。原因因具体情况而异：

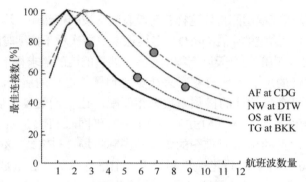

图 3-15　一个世界级枢纽机场航班波的优化连接性与实际数

（1）最佳航班波的数量必须包含其他关键因素，例如运行可行性、机场容量或时刻约束条件。

（2）随着航班波数量的增加，相应的连接速度可以加快。如果竞争是为了快速连接，那么更多和更短的航班波可能是明智的，即使以牺牲命中总数为代价。西北航空在其达拉斯沃思堡国际机场的尖峰航班波设计表明，这一因素（为了快速连接）在其九个航班波设计中起到了决定性作用，虽然四个航班波足以优化命中次数。

（3）必须考虑到当地乘客出行需求的时间偏好，以及构成行程要素的出发和到达时间的便利性。

（4）由于航班波数量较少，可能无法到达最低水平的航空器利用率。这个因素对于服务于许多相对短/中途目的地的枢纽来说尤其重要。

（5）公式（3-6）存在固有的基本假设：所有航班波都是全向的。但是，如果一半航班波服务于一个方向而另一半服务于其他目的地，理想航班波的数量必须乘以相关的方向数量。这个因素可能在下面给出的例子中扮演次要角色，几乎所有航班波都服务于所有双向组合[除了 DTW 的 NW 航班波（图 3-8）从 09:00 到 10:30，或者 OS 在 VIE 的航班波从 09:00 到 11:00，两航班波仅服务一个方向]。

考虑到最佳航班波数量和连通性之间的这种相互依赖关系，飞行计划中季节性或其他频率的变化应该会导致相应的航班波数量或航班波结构的调整。如果为了应对周期性衰退或危机而在较长时间内大幅降低每日频率，同时保持航班波数量过高，那么生产率可能会受到影响。

3.5　连接驱动因素 4：方向

很少有枢纽机场提供 360 度全方位服务。大多数中心都专注于提供一些选定的方向。图 3-16 显示了美国、欧洲和亚洲主要枢纽的方向性模式。这些图表展示了像奥黑尔国际机场（ORD）这样的巨型枢纽机场具有如此高度的东—西方向性，而达美航空（DL）在亚特兰哈兹菲尔德-杰克逊际机场（ATL）的枢纽主要服务三个方向（南到佛罗里达州，北到东海岸，西到美国其他地区）。巴黎夏尔·戴高乐机场（CDG）是典型的全方位欧洲枢纽的一个例子。

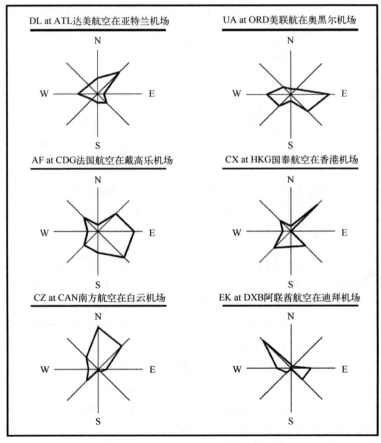

图 3-16　一些枢纽机场的航班方向性（到原点的极轴长代表该方向的频率占比）

　　NW 在明尼阿波利斯的圣保罗国际机场（MSP）的一个进港波是在当地时间10:00－10:45 之间到达，对应的出港波持续时间为 11:00－12:00（见图 3-17）。进港波主要由东边来的航班构成，而出港波主要由向西的航班构成。有一个高度定向的进港波和一个高度定向的出港波，并有一个相适应的反方向航班波是最基本的航班波设计类型。

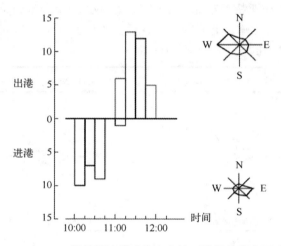

图 3-17　　NW 在 MSP 的航班波模式和方向性（进港航班主要来自东边，出港航班主要去往西边）

　　如果一个特定航班波必须服务于两个以上的互补方向，则增加的方向数开始对连通性产生负面影响。让我们假设每个航班波的进港航班由五个西边来的和五个东边来的组成，同样的出港航班由五个西向和五个东向组成。所有的进港航班都无法在单个航班波中连接到所有出港航班。来自西方的五个进港航班可以连接到东部的五个出港航班，而来自东部的五个进港航班可以连接到西部的五个出港航班。在该示例中，每波的可行连接的数量减少到命中=2×5×5 即 50，如果再多一个方向将会进一步减少 50%（在假设航班波重叠因子 BOF=1 的情况下）。

　　当我们将"方向"（东方，西方）扩展为三个或更多方向段时，方向性问题变得稍微复杂一些（图 3-18）。让我们假设一个有三个目的地的进港波，一个来自北方（0°）、一个来自东南（120°）、另一个来自西南（225°）。每一个这些方向段仅由一个航班提供服务，并且相应的出港波也采用相同的模式；三个目的地中的每一个都可以在合理的绕航范围内与其他两个目的地连接。然后，任何进港航班只能连接三个出港航班中的两个，形成连通性减少因子 2/3。

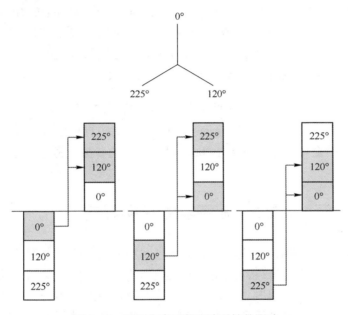

图 3-18　不同方向对航班连通性的影响

一般而言，方向缩减因子定义为：

$$r = \frac{F_{\text{acc}}}{F_{\text{av}}} \tag{3-7}$$

其中，r 为方向缩减因子；F_{acc} 为可访问（连接）的出港方向航段数；F_{av} 为实际所有可用出港方向航段数。

举个例子：从南部（佛罗里达州）到亚特兰大（ATL）的进港可以建立与主要出港方向（南部、东北部和西部）的两个（东北部和西部）连接。连接回南方是不可行的，因此，达美航空（DL）在 ATL 的方向缩减因子约为 2/3（假设西部进港可以连接到南部和东北部的出港，并且东北部的进港可以连接到南部和西部的出港）。

将方向缩减因子整合到"整体"公式（3-4）中得到以下的命中数公式：

$$N_{\text{hit}} = \frac{b_{\text{in}} \times b_{\text{out}} \times \text{BOF} \times r}{\text{banks}} \qquad (3\text{-}8)$$

让我们将此公式应用于早期的 b_{in}=100，b_{out}=100 的示例，bank=10，Bank Overlap Factor=1（见 3.4 节）。假设定向交通流流向东和西两个方向，我们可以建立东—西和西—东两个定向流（r=1/2，因为一个定向进港波可以与两个定向出港波中的一个建立连接）。然后，我们可以计算得到的总命中数

$$N_{\text{hit}}=100\times100\times(1/1)\times(1/10)\times(1/2)=500 （次） \qquad (3\text{-}9)$$

在 3.4 节中，分布在 10 家航班波并且没有考虑方向性的 100 个进港和 100 个出港的情况下的命中数被评估为 1 000。对于相同的参数，考虑到方向性，则命中数下降了一半。

3.6　连接驱动因素 5：航空器的轮换模式

在一个给定的机场，航班波的数量、时间和方向性受到典型的航段飞行消耗的时间（航程）和由此产生的航空器轮换效率的很大影响，这两个因素要么是提供机会，要么就是施加限制。因此，航班波的设计对航空器的生产率有很大的影响。航空器的高利用率就需要航空器的轮换模式与其基地机场的开放时间紧密配合，并尽可能缩短周转时间。因此，如果具有恰当航程的双向对称目的地组合允许每天有大量出港和返港航班，则会对航空器利用率产生积极影响。此外，航程必须允许轮换模式，以便所有航空器在进港航班波的最佳到达时间到达特定枢纽。如果一个航班波的时间安排与往返某个特定目的地所需的飞行时间不匹配，航空器闲置和航空器利用率的降低都是不可避免的后果。为了给出一个肯定的例子（见图 3-19），假设一个具有两个目的地 A 和 B 的单个枢纽机场网络，从本机场到目的地 A 需要 60 分钟飞行时间，到目的地 B 需要 120 分钟。较短的转换需要 30 分钟的 TAT，较长的转换需要 60 分钟的 TAT。机场开放时间为当地时间 06:00—23:00。由此产生的中转模式将导致两个主要航班波（11:30—12:00，17:30—18:00）和另外三个小航班波（08:30—09:00，14:30—15:00，20:30—21:00）。

图 3-19 所展示的是一个盛行的航程、航空器利用率以及有效的航班波时刻安排之间的关系的例子。在该例子中，基地机场 [到目的地 A（60 分钟飞行时间，

TAT30 分钟），到目的地 B（120 分钟飞行时间，TAT 60 分钟），和基地机场开放时间从 06:00 到 23:00（当地时间）]。

图 3-20 显示了与图 3-19 相同的情况，但假设从基地到目的地 A 的航程为 50 分钟，而不是 60 分钟。因此，每次在基地—目的地 A—基地的轮换飞行必须在基地地面停留 50 分钟（目的地 A 停留时间还是 30 分钟），而不是只有 30 分钟，以便与基地—目的地 B—基地的轮换飞行建立最佳连接。在一天中，这为单个航班轮换增加了 100 分钟（5×20 分钟）的不必要空闲时间。如果我们假设一个网络中有 100 架航空器，并且所有航空器都只有 10 分钟的不匹配，则空闲时间为 1 000 分钟，这相当于一架航空器的一天运行时间的上限容量(23-6)×60=1 020 分钟。这个例子清楚地表明了航班波设计可能对航空器生产力产生的巨大影响。

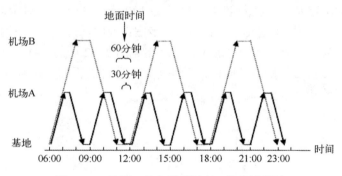

图 3-19 航程、航空器利用率、航班波设计

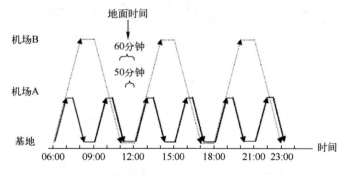

图 3-20 与图 3-19 中的情况相同，但假设从基地到机场 A（实线）的
飞行时间为 50 分钟，而不是 60 分钟

实际上，各种航程的实际双向组合很少以理想的方式匹配特定的航班波设计，必须在连通性或生产力方面做出妥协折衷。请注意，轮换的空闲时间不仅会影响航空器的生产率，还会影响机组人员和其他资产的生产率。

图 3-21 显示了一家欧洲知名航空公司在其主要枢纽的航程分布。在理想情况下，这种分布在各种目的地之间显示出明显的时间差距。让我们重新考虑图 3-19 中给出的例子，其中一个 120 分钟的航程和一个 60 分钟的 TAT 构成的一个循环，以及一个 60 分钟的航程以及 30 分钟的 TAT 构成的另一个循环。在给定的这些循环时间和 TAT 的比例下，60 分钟和 120 分钟的航程允许建立最佳航空器生产率和最佳连通性的轮换。不同的 TAT 或航程会影响生产力，连通性或两者都受影响。显然，这种理想的比例在现实生活中很少见。让我们假设图 3-21 中所示的航空公司的网络规划者决定基于大多数航班大约需要 120 分钟的事实来建立轮换（参见图 3-22 中的虚线）。为简单起见，让我们进一步假设 60 分钟的 TAT 适用于所有航班。我们如何适应航程短于 120 分钟的飞行？（参见图 3-22 中的实线），这些航班必须在地面上停留长于 TAT 所需的时间，以便与 120 分钟航程的主要航班优化连接。

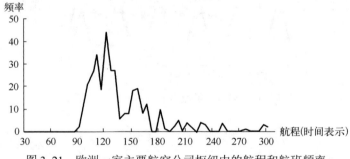

图 3-21　欧洲一家主要航空公司枢纽中的航程和航班频率

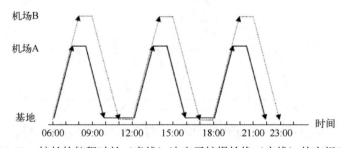

图 3-22　较长的航程时长（虚线）决定了较慢轮换（实线）的空闲时间

　　双向匹配的航程的形状极大地促成或限制了航空器可行利用率。因此,许多航空公司通过推迟一个航班波的起点或终点,而将两个或多个航班波合并为一个。这并没有消除生产力的劣势,但可能有助于连接,以及有助于在一天中所有时间上的连接分布更均匀（图 3-23）。

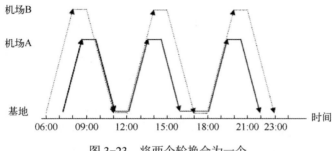

图 3-23　将两个轮换合为一个

　　实际上,从最佳航空器轮换和航空器利用的角度来看,几乎没有任何航班波系统是完美的。一些航空公司的应对措施是在他们的航班时刻表中增加闲置时间,以适应枢纽机场波浪式的时序要求;另一些航空公司则接受形状不太清晰的"扁平化",甚至重叠的航班波结构。然而,在大多数情况下,枢纽处剧烈波动的活动模式在航空器可行利用率方面是一个不利因素。一般而言,清晰的枢纽结构与高资产利用率并不是相辅相成的。图 3-24 是美国大陆航空（CO）在乔治布什洲际机场（IAH）的尖刺波结构与运行或其他要求之间折衷的示例。

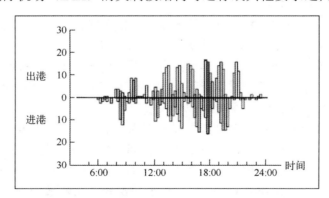

图 3-24　CO 在 IAH 机场的航班波结构,不太明显的航班波结构作为各种约束的标志

多年来，航空公司一直试图通过在到达波浪结构枢纽之前用三角形或复杂的轮换取代"乒乓球"（出去—回来）轮换（参见第 2 章 2.2 节），以解决波浪结构枢纽机场中航空器无效轮换的问题（见图 3-25）。跨越各个机场的航班排序为找到一个航段序列提供了更大的机会，以实现理想的到达波浪结构枢纽时间。

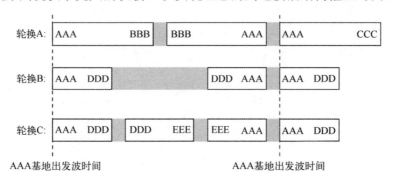

图 3-25　三角轮换。三角轮换（轮换 C:AAA—DDD—EEE，而不是轮换 B 中的 AAA—DDD）提供了更多的机会来安排高效的到达枢纽 AAA 的时间。

白色条表示飞行过程；灰色条表示地面时间。

然而，如果当地航班中断，跨不同枢纽之间的轮换顺序很容易造成大面积延误。如果覆盖多个机场的密集轮换的第一段延误 15 分钟，并且计划轮换的所有机场都是波峰密集的枢纽，那么这一次延误的航班将影响所有后续枢纽的相关连接，再次造成延误并传播延误。

结果是在几分钟内，跨网络的航班延迟呈指数增长。中断此类扰动的一种方法是在所有轮换中建立足够的时间缓冲。但是，就资产利用而言，这将是昂贵的。另一种选择是航空公司通过规划尽可能多的"乒乓球"轮换来控制延误对当地的影响。作为 2004/2005 年"准时运行"的一部分，达美航空（DL）在亚特兰大（ATL）枢纽的"乒乓球"轮换比例增加到 92%以上。

长途航班在到达和离开时间方面受到相当大的限制。必须考虑始发地和目的地的时刻剖面，以及出港时有效的 TAT 约束和机场宵禁的限制。同时，长途飞行通常携带大量连接乘客，因此比短途/中程飞行需要更多的前序和接驳间的连接。在拥有大量长途航班的枢纽机场中，这些航班决定了航班波的数量和时刻。在这种情况下，航班波设计通常是为了最佳地适当长途航班的运行。

为了证明长途飞行和连通性的相互依赖性，图 3-26 比较了到选定的欧洲枢纽样本长途出港波中观察到的前序航班数量。

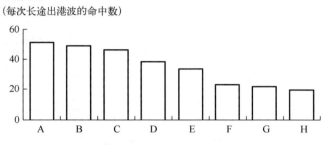

长途喂给
（每次长途出港波的命中数）

图 3-26　在选定的欧洲枢纽进行长途运输的前序运力
（高分或低分是策略应用的结果，也是绩效的结果）

3.7　连接驱动因素 6：机场基础设施

各种网络战略和结构取决于具体的机场基础设施和相关商业或运营程序的效率。这同样适用于终端区、停机坪、滑行道、跑道和空域设计。必须解决的关键问题：我们如何评估整体效率？在"挡轮挡"之前进近、降落和滑行需要多长时间？从撤轮挡、推出、滑行、起飞、爬升，到返回路线需要多长时间（见图 3-27）？TAT 之间的时间通常是很好理解和优化的，然而，提到的其他时间段呢？它们需要多长时间？它们可以确定和优化吗？它们如何在多个机场中比较？

在图 3-28 中，对于每个单独的航班起降（点），飞行距离和飞行消耗时间是配对绘制的。这些值的线性回归，在零飞行距离的投影（截距）表明了在这个机场完成一个完整的进近和离场周期所需的典型时间，这个时间称为机场起降时间。

评估机场总松弛的最简单方法是比较给定机场所有进港和出港航班的飞行消耗时间和飞行距离。"飞行时间与飞行距离"的数据回归线确实表现出显著的相关性（见图 3-28）。如果我们将此回归插值到零飞行距离，则相应的轮挡时间将大于零。然而，零距离处的飞行时间是飞行计划员必须考虑的时间（作为在特定机场完成进近和离场过程所需的时间，不含过站时间 TAT）。这段时间被称为"机场起降时间"。

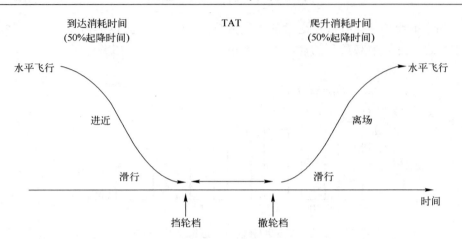

图 3-27　机场起降时间测量（机场起降时间是指
从开始进近到"挡轮档"，加上"撤轮档"到完成爬升的时间之和）

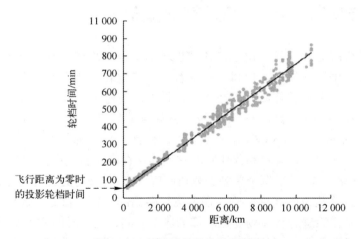

图 3-28　希思罗机场的松弛时间

在图 3-29 中，我们绘制了各枢纽机场的周起降架次和相应的起降时间的关系图。虽然整体相关性似乎较弱，但数据确实证实以下几点：

● 起降时间小是机场快速运行的先决条件；
● 保障规模的扩大降低了机场快速运行的可能性。

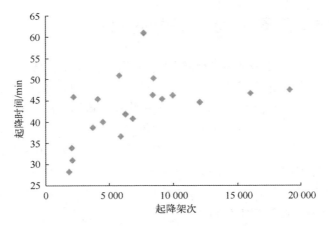

图 3-29　机场的周起降架次对应的机场起降时间关系

最小连接时间 MCT 是航站楼处理效率的衡量标准，TAT 是衡量停机坪处理效率的指标。起降时间涵盖了盘旋等待、进近、爬升，但不含过站时间的所有活动所需的典型时间，该时间与特定机场的基础设施、运行模式等有关。

3.8　连接驱动因素 7：随机性连接

严格来说，随机性是连通性的重要驱动因素，因为随着时间的推移，大量或少量随机分布的航班的期望值可以视为潜在的连接数[公式（3-1）]。全球最大的枢纽都认为随机性是连接的主要驱动力；然而，随机性很少导致连接数最高。对于大型枢纽机场，连接可能成为强调生产力的枢纽机场结构的副产品，因此，基于随机的枢纽结构将在第 4 章中讨论，重要的是要理解纯随机结构不允许优先考虑任何类型的命中。因此，许多网络规划者首先会规划重要的航班，例如长途的、高价值的 O&D 对和高价值的目的地（参见"高价值航班"，第 4 章 4.7 节），然后就像规划者常说的那样，"随机安排所有其他目的地的航班，就像在你已经明确定义湖中的一些岛屿情况（位置，高度，要不要露出水面等）后，就可以采用大水漫灌的方式把水灌到湖里一样"，因为其他航班的连通性不需要特意考虑。

3.9   随机驱动因素 8：最小连接时间

短的 MCT 是建立快速的竞争性连接的重要前提，但是，没有通用的标准来证明 MCT 必须有多短才能获得竞争性的命中数。对于亚洲的许多中转 O&D，几乎所有潜在的中转点都允许相当长的 MCT。在欧洲，特别是在美国，竞争性的连接水平要求积极的 MCT。一种普遍存在的误解是，在适用的 MCT 中增加"仅"5分钟，以施加额外的监管限制将产生边际效应。如果两个枢纽机场作为相同 O&D 的竞争中转点，为什么乘客会选择较慢的连接？此外，MCT 越长，随机命中数越少。随着更多的枢纽结构建立在随机命中上以换取更高的生产率（见第 4 章），较慢的 MCT 将抵消连通性和生产力。

3.10   随机驱动因素 9：航班波的内部结构

进港或出港航班波内的航班分配通常考虑运营效率、方向性、各个航班的相应价值三个方面的因素之一，或这些因素的组合决定。在 3.5 节，我们概述了方向性对连通性的重要性。鉴于方向性在建立高性能中转系统的重要性，在一个航班波内为特定方向合理安排航班可发挥重要作用。除方向性外，在进港或出港航班波内部署长途航班也会对连通性产生重大影响。合理定位代表高或低平均收益率的航班在航班波中的位置，可能有助于提升航班波系统的竞争力。

3.11   航班波中长/中/短途航班的时刻安排

为了优化运营的稳定性，增加乘客便利性，并保持连接达到竞争水平，需要遵从一些关于构建航班波的重要规则。

考虑德国汉莎航空 LH 在法兰克福国际机场 FRA 的晚间航班波（见图 3-30），时间范围从 19:00（进港）到 23:30（出港）。请注意，长途航班（灰色）在此航班波内靠前到达，并在相应的出港航班波中较晚离开。这个时间的解释是双重的：

● 乘坐长途航班的乘客需要更多时间才能到达其接驳航班的登机口，因为需要通过海关、行李处理和其他耗费时间的程序，而国内或短途/中途航班却不需要耗费这么长时间。长途航班通常是非国内航班，通常需要在安检和海关程序上耗费时间。因此，国际中转的 MCT 通常比国内中转的 MCT 长得多。为了在有时间限制的单一进港/出港波组合中提供必要的时间跨度方便国际中转，长途运输必须提前到达并且推迟出港。

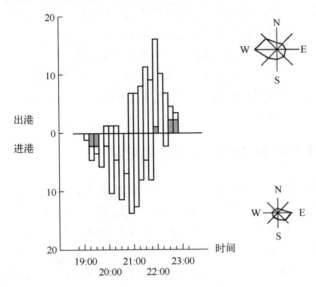

图 3-30　LH 在 FRA 晚间航班波和方向性

- 从运行的角度来看，长途航空器必须在航班波中提前到达并推迟出港。根据经验法则，在进港航班波期间抵达的所有航空器应该能够在相应的出港航班波期间离港。因为长途航空器的 TAT 比小型单通道航空器的 TAT 长得多，所以长途航空器如果要在一个航班波内到达和离开，则必须在该航班波内提前到达并且推迟出港。

与长途进港航班是在进港波中靠前到达并且在出港波中较晚起飞相反，短途/中程航班的到达较晚且离开时间较早，以便建立更快的连接。处在进港航班波的后半部的航班与处在出港航班波前半部的航班进行连接，比任何其他配置都要快。对于短途/中途连接而言，时间快一点比长途连接更能取得明显的竞争优势。

在将大量长途航班与大量短途/中途前序航班和接驳航班相结合的枢纽机场中，网络规划人员通常会尝试以不对称的方式规划长途航班：

- 使用快速的连接时间（接近 MCT）来安排长途航班与中短程航班连接。

● 短途/中途航班到长途航班的连接时间要明显长得多。

这种不对称比例的原因很简单：如果长途进港旅客错过与短途/中途出港航班的紧凑连接，那么有很大的概率使得等到下一次飞往错过的目的地的航班只有很短的时间。相反，错过与出港长途航班的连接不太可能很快找到替代航班。因此，必须为长途出港航班中转提供比长途进港航班更多的缓冲时间。

短途到短途要么被设计成快速连接并承受轻微延误带来的风险，要么在设计时禁止快速连接。许多网络规划人员将这些短途航班集中放在一起以有意错过MCT（小于MCT，快速连接或者大于MCT，非快速连接）。这是由于它们通常产量低且对环境的影响相对较大。

3.11.1　根据衔接的价值建设航班波和枢纽

命中数可能会因运营成本、产量水平、价格弹性、需求量、竞争强度、增长潜力、波动性和可用容量而有所不同。在一天结束时，一些机场的命中数比其他机场的同样命中数提供更多的价值。这一事实对所服务的目的地组合、所部署的相应频率和容量，以及由此产生的网络、枢纽和航班波结构，产生了深远的影响。例如，美国航空（AA）在 2002 年放弃了在底特律国际机场（DFW）和芝加哥奥黑尔国际机场（ORD）的"服务一切"的战略，专注于更有价值的东西方流动。从结构性上来看，AA 放弃了其在 DFW 和 ORD 的枢纽机场的尖锐波状枢纽航班波结构，转而采用更平坦的结构。一些航空公司优先考虑航班波结构内的高价值命中数，而不是价值较低的命中数。虽然这样的政策可能会吸引更多有价值的流量，但它也会带来更大的复杂性和更加复杂的成本。

在设计网络、枢纽或航班波结构时，没有关于如何尊重不同命中值的一般经验法则。但是，本书中提供的所有方法和公式仍然是适用的，关键是要正确地表达战略问题。例如，想象一下高价值航班、低价值航班和交通流量对称组合的理想航班波结构。在一个无差别的航班对称组合的框架内，需要问的问题是："什么航班波结构提供最大的命中数？"然而，在差异化的交通对称组合的背景下，重点是为高价值的航班和交通找到并安排最佳时刻结构，然后再考虑安排较低优先级的航班的时刻。在两种情况下设计航班波结构的方法都是相同的。

　　需要注意的是：在枢纽和航班波中添加的结构越多，结构就越容易受到运营延迟的影响。在设计航班波结构时，适应不同的命中值可能会增加运行不稳定性。规划人员必须制定不仅具有高商业吸引力，而且还具有运营稳健性的时刻表。这就是为什么大多数航空公司都在避免过度复杂的航班波设计，并转向更随意和扁平的结构。这种趋势可能为大型枢纽机场和增长强劲的枢纽机场提供特别的优势。

3.11.2　连通性和运行稳定性是否矛盾？

　　任何枢纽结构，无论航班波本身还是航班波的内部结构，都会限制运营的稳定性。请注意，运行稳定性与运行效率不同。时刻结构越事无巨细地依赖于枢纽结构，时刻结构就越容易受到延误的影响，这也适用于航班波的内部结构。采用的规则越多（例如"长途到达优先进港"和"前往高价值目的地的长途航班的离港具有严格的优先权"），延误将越有可能破坏整个结构的基本原理。

第4章 设计资产高效型网络

摘要： 优化资产利用率对航空公司和机场都至关重要，所部署资产的生产力至少与连通性这样的商业目标一样重要。某些资产使用计划的特征更有可能促进资源的高利用率，而其他特征更有可能减少资源利用率。无论各种枢纽结构策略（峰值、去峰值、波浪、滚动或随机）如何，基础设施限制都会显著影响有效的资产利用率，最严重的基础设施限制之一是机场的开放时间。为航空公司时间表建立时间缓冲以提高运营稳定性的努力可能会对有效利用资产产生额外的限制。

连通性影响航空公司商业模型方程的收入方面，而生产率显然是商业模型方程的成本问题。在市场扩张时期，航空公司强调连通性；但在交通拥堵期间，生产力成为一个更突出的问题。然而，作为一种普遍趋势，纯粹按连接来安排时刻计划越来越多地被在连通性和生产率之间采取更平衡方法的结构所取代。枢纽系统越大，连接就越不重要（见 4.2 节），资产利用率成为更重要的盈利杠杆。这就解释了为什么更多的航空公司寻求建立能支持资产生产率并保持连通性在适当水平的网络和枢纽结构。

4.1 重新审视航空器利用率：为什么资产生产率对盈利能力至关重要

4.1.1 如何衡量航空器的利用率

航空器利用率是指给定机队内所有航空器的平均每日利用率，它由两个因素决定：运行给定时刻表所需的航空器的数量，包括运营储备；以及每天需要的飞行小时数（用飞行消耗时间来衡量，缩写为 Bh）。航空公司首先根据内部轮班计划计算所需的航空器数量，这种对机队需求的直接计算是时间表设计的结果，也是设计时刻表时重视航空器生产率的结果。然而，真实的机队规模往往会超过这种直接计算结果，因为在运行扰动的情况下必须有一定数量的备用航空器。这种"运营储备"航空器的数量取决于各自航空公司的机队结构、历史准时性、服务质量和其他因素。当航空公司机队利用率数据公开时，利用率数据中的分母（机队规模）包括做运行储备的航空器的运营储备（机队中的航空器数量）、机队利用率数据会被按"窄体"或"宽体"的层次分组。通过观察发现航空公司很少发布机队利用率数据，即使发布也有非常大的延迟。

评估运行特定时刻表（机队使用规划）所需的最小航空器数量的简单方法是总计在给定机队中一整周内任何特定时刻在空中飞行的航空器数量。该计数的最大值是运行此时刻表所需的最小航空器，不包括任何运行储备。

4.1.2　航班波结构显著影响航空器利用率

第 3 章讨论的大多数连通性驱动因素都会影响航空器、机组人员、航站楼或其他资产的利用率。例如，图 3-1 所示的航班波设计，肯定会延长所有涉及航空器、机组人员和登机门的地面时间。航空器过站时间通常比乘客的 MCT 快，除非需要大量的维护工作。如果航班波的设计被调整到最佳连接（例如为了避免入港和相应的出港航班波之间的重叠），这种连接将以牺牲良好的资产利用率为代价。如果单个航班波之间的时间间隔很大，那么航空器很可能必须在分站机场等待，直到时间可以契合目的地枢纽的下一个可用进港波，这再次削减了资产利用率。作为一般经验法则，连接优化以牺牲资产利用率为代价，而资产利用优化以牺牲连接为代价。

4.1.3　运营标准化影响航空器利用率

LCC，至少以其纯粹的玩法，旨在尽可能地降低生产成本，将这种生产成本优势转化为具有竞争力的价格优势，并吸引精打细算的乘客。最小化生产成本的关键是简单性和标准化。纯粹的 LCC 在所有相同的网络配置中运行一种标准类型的航空器，并且不考虑任何超出基本成本最小值的连接或服务。严格的标准化是运行程序零失效的先决条件，如果没有零失效运行程序，就必须设置不可避免的时间缓冲，零失效运行程序是不可避免的时间缓冲的最佳替代品。然而，这与一些网络运营商在提高其网络时刻表的操作稳健性时所指的非常不同。对他们来说，操作的稳健性是以时间缓冲的形式嵌入到时刻表中的，以补偿可能的延迟并降低生产率。在研究网络运营商采用的各种杠杆以稳定复杂时刻表的交付运行之前，我们将分析内置于简单化驱动的 LCC 网络中的标准化和生产率优化机制。

4.1.4　基础设施可用性推动航空器利用率上升或下降

航空公司生产率最有效的驱动因素是航空器利用率，因为坐在地上的航空器无法赚钱。因此，LCC 选择基地、目的地和航空器类型，并定义登机、下机和周转程序，这些都是围绕航空器最高日利用率的总体目标进行的。假设 TAT 在外站和基地是相同的，对于出港和返程航班，我们可以得到

$$t_e = SL_i + SL_o + TAT_b + TAT_o \tag{4-1}$$

其中：t_e 是总出行时间；SL_o 是给定出港航班的飞行时长（分钟）；SL_i 是给定进港航班的飞行时长（分钟）；TAT_b 表示在基地的 TAT；TAT_o 表示在外站的 TAT。

出于实用目的，公式（4-1）可以简化为

$$t_e = 2SL + 2TAT \tag{4-2}$$

假设机场的开放时间为 06:00—24:00（18 小时或 1 080 分钟），TAT 为 45 分钟，SL 为 90 分钟，这将导致恰好四个完整周期

$$\frac{1\,080}{2 \times 90 + 2 \times 45} = 4.0 \tag{4-3}$$

如果 TAT 为 50 分钟，延长 5 分钟，则只有三个周期：

$$\frac{1\,080}{2 \times 90 + 2 \times 50} = 3.86 \tag{4-4}$$

这个 0.86 的剩余部分转化为 240 分钟[1 080-3×2×(90+50)=240]的空闲时间，这对期望的生产率目标产生负面影响。对于 LCC，机场开放时间必须是尽可能最大的，在某个时间点将会及时发布机场开放时间。TAT 必须尽可能小，但在某个

时间点是固定的（机场越繁忙，TAT 越大，反之，越小）。唯一剩下的变量是飞行时间或 SL。在上面给出的例子中，90 分钟的飞行时间（最小 TAT 为 45 分钟的情况下）显然产生了最佳结果。那么还有其他什么样的航班时间可以达到相同或相似的生产率水平呢？考虑到最终目标是最小化空闲时间，我们可以写（假设所有航班有完全相同的飞行消耗时间，并且基地的所有周转航班具有相同的 TAT）最小化空闲时间的表达式如下：

$$\min[T \bmod(2\times SL_j + 2\times TAT)] \tag{4-5}$$

其中：T 是机场开放时间（以分钟为单位），j 是航班下标。

当作为生产率优化时，应用该公式会产生五个 63 分钟的飞行时间（SL）的循环，四个 90 分钟的循环和三个 135 分钟的循环。图 4-1 显示由于其他飞行时间产生的空闲时间。

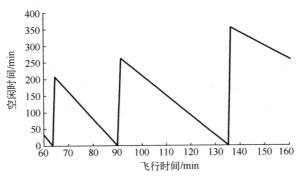

图 4-1　航空器利用率和飞行时间

假设机场开放时间（06:00—24:00）和 TAT（45 分钟）为常数，那么这架航空器的生产率就是各种飞行时间的总和。（x 轴为飞行时间，y 轴为产生的空闲时间。）

运用公式（4-5）的 Matlab 计算结果如下：

mod(1080,2*(63+45))=mod(1080,2*(90+45))=mod(1080,2*(135+45))=0;

mod(1080,2*(64+45))=208; mod(1080,2*(91+45))=264; mod(1080,2*(136+45))= 356。

替换不同的值会观察到空闲时间的变化规律如图 4-1 所示呈锯齿状变化。

图 4-2 显示给定飞行时间下各种 TAT 值导致的空闲时间。

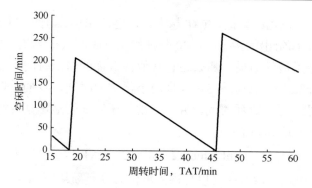

图 4-2　航空器利用率和 TAT

图 4-2 假设机场开放时间（06:00—24:00）和飞行时间（90 分钟）一定的条件下，航空器的生产率是随 TAT 变化的情况。（x 轴为 TAT，y 轴为产生的空闲时间。）

运用公式（4-5）的 Matlab 计算结果如下：

mod(1080,2*(90+18))=mod(1080,2*(90+45))=0；

mod(1080,2*(90+19))=208；mod(1080,2*(90+46))=264。

替换不同的 TAT 值会观察到空闲时间的变化规律如图 4-2 所示呈锯齿状变化。

图 4-3 展示了机场营业时间看似微小减少对生产率的影响。

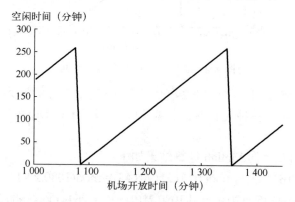

图 4-3　航空器利用率和宵禁

航空器的生产率是各种机场开放时间，而飞行时间（90 分钟）和 TAT 时间（45

分钟）保持常数（x 轴为开放时间，y 轴为产生的空闲时间）的结果。

运用公式（4-5）的 Matlab 计算结果如下：

mod(1080,2*(90+45))=0；mod(1350,2*(90+45))=0；

mod(1079,2*(90+45))=269；mod(1349,2*(90+45))=269；mod(1351,2*(90+45))=1。

替换不同的机场开放时间会观察到空闲时间的变化规律如图 4-3 所示呈锯齿状变化。

显然，即使对适用的约束条件进行看似微小的更改，也会对生产率产生直接而代价高昂的影响。

4.1.5　航班波设计、准时性能和运营稳健性是如何相互依存的

航班岸或者航班波设计如果计划得太紧凑，而导致 MCT 和过站时间 TAT 都以最小值运行，那么这种设计会比提供更多缓冲的时刻结构更容易受到延误的影响。图 3-1 给出了一个与更缓冲的设计相比必然会引起延迟的航班波设计的示例。在完成 MCT 后，矩形堤岸会导致连接突然急剧增加，这意味着即使是轻微的入港延迟，也会因数值低于 MCT 而破坏许多连接。进港波末端和出港波开始时的相对柔和的波形（入港航班和出港航班数量适度下降）会使连接数量更适度地增加。提供更多缓冲有助于避免延迟和保持最小的机动余地，并通过循环交换来修复延迟（请参阅第 2 章 2.2 节）。通过循环交换或其他恢复机制，可以修复有限数量的中断或延迟，但可能不会修复大多数连接。波的内部结构，例如在个别波内特定时间强调某些目的地或目的地类型（方向、价值、数量），都会使航班波设计更加脆弱。除了航班波结构的设计，以下三种机制也有助于提高时刻表的运行稳定性。

4.1.5.1　缓冲的飞行时间

网络运营商越来越多地面临航班延误问题，消费者组织定期公布每家航空公司和枢纽的延误统计数据。航空公司最初的做法是扩展关键航班的撤轮档时间。在"空中时间"添加缓冲时间之后，他们发现扩展的撤轮档时间被神秘地重新吸收为飞行时间，仍导致地面时间太紧。缓冲飞行时间通常会导致在到达拥挤的机场时降低优先次序，并导致不利的滑行路线或登机口分

配。结果，航空公司开始在地面而不是在空中延长时间参数，例如航空器的 TAT 和乘客的 MCT。

4.1.5.2　缓冲的地面时间

作为在飞行时间内建立缓冲区的替代方案，越来越多的航空公司正在延长计划的地面时间。这样，缓冲区就不需要对航空公司本身以外的任何机构都一目了然，防止缓冲区被吸收用于除预期目的之外的其他目的。实际上，各类航空器的最小地面时间（或 TAT）额外增加 5 分钟左右，更有可能是在枢纽而不是在卫星城或者外站；缓冲的地面时间似乎比相同持续时间的缓冲飞行时间更有效；隐藏缓冲似乎比可见缓冲更有效。

4.1.5.3　插入恢复间隔

在美国，一些航空公司将 15 分钟的"恢复间隔"纳入其时刻表，以分离高流量的出港时段。这些恢复间隔提供了一个地面时间缓冲，以便在新航班波开始运营之前，或在一段密集运营或高价值运营之前，从中断的运营中恢复。这就是为什么这种恢复间隔只出现在运行业务的出港边。

4.1.6　扁平枢纽波结构：是革命性的创新还是对复杂性的妥协？

从一开始，LCC 就依赖于简单、标准化且运行有效的网络和枢纽结构。从20世纪 90 年代中期开始，网络运营商开始尝试借用 LCC 枢纽结构的一些元素，以避免主要由连接驱动的结构带来的日益增加的复杂性成本。他们的主要目标是（现在仍然是）提高他们关键资产（机组人员、机队和地面资产）的生产率。为了实现这一目标，波浪运行枢纽的尖状时刻结构是降低生产率的主要方式。在飞行时刻表中增加空闲时间会导致登机口、滑行道、跑道和空中的拥堵，因此，出现了"去峰"或"扁平"结构。

这种枢纽结构主要以两种形式存在："随机"或"滚动"。在第一种情况下，给定枢纽的所有航班的到达和离开时间由运营要求或概率来决定。从连通性的角度来看，产生的时刻结构看起来是"随机的"。在滚动的情况下，平坦的整体外观是通过方向性航班波的不间断序列来实现的，这种定向航班波在整体平坦的格局中保持了清晰的堤岸结构。在这一节中，我们将回顾这样的"扁平"枢纽结构的概念基础。

两种不同的枢纽结构导致扁平模式：滚动枢纽波和连续枢纽。

在随机枢纽波结构中，为了优化航空器的利用率，航班起降的时间和顺序，无论是进港还是出港，都是由运行的机会或要求决定的。在这种程度上，"随机"枢纽时刻这个词是误导性的。从连通性的角度来看，航班时刻是随机的，但从运营的角度来看，则不是随机的。随机枢纽波结构主要缺乏任何支持连通性的时间结构。因此，连接是随机发生的。

在滚动枢纽波（也称为"连续枢纽波"）中，航班波相互跟随，两者之间没有任何时间间隔。为了促进高连通性，滚动枢纽波保持清晰的时刻波结构，但时刻波之间缺乏时间"间隙"，所以整体结构看起来平坦。英国航空（BA）正在实施重点目的地匹配组合战略，每个目的地都配备了高频率和大型的航空器。通过利用希思罗机场（LHR）枢纽，BA 可以建立在欧洲最强大的集水区，但受到双跑道系统容量的限制。由于连接驱动的枢纽结构对于 BA 在 LHR 的运行不实用，因此 BA 从未尝试在该枢纽上实施波形系统。图 4-4 展示了 BA 在 LHR 的扁平枢纽波结构。

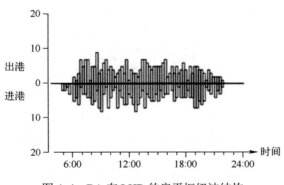

图 4-4　BA 在 LHR 的扁平枢纽波结构

4.1.7　滚动枢纽波：连通性与扁平结构的结合

传统的波浪之间活动的停顿不是概念上的要求。不同的航班波可以无缝地跟随彼此，创造一个真正的航班起降的扁平模式。

图 4-5 显示了滚动系统的枢纽波结构示意图。明确的北向或南向的岸堤以交替的顺序彼此跟随，并且两者之间没有任何时间间隙。南向的出港航班在北向的进港航班上（轻微延迟以适应 MCT）错开。这允许北向的进港乘客快速连接到南向的出港航班。图 4-6 中显示了 2005 年美国航空（AA）在达拉斯沃思堡国际机场（DFW）的滚动枢纽波。

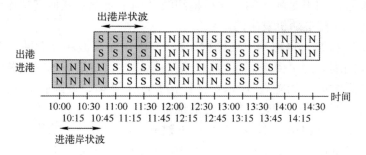

图 4-5　岸状但非波浪的枢纽结构示例

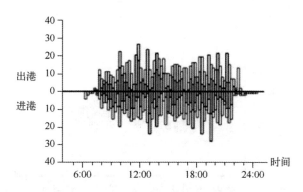

图 4-6　2005 年美国航空（AA）在达拉斯沃思堡国际机场（DFW）的滚动枢纽波

该枢纽波结构是波状的，也不是随机的。以深灰色显示的航班朝东方向离场或从东方向到达的航班，并如波系统一样呈现岸状。然而，整体结构竟然非常扁平。

美国航空（AA）在美国芝加哥的奥黑尔机场（ORD）和达拉斯沃思堡国际机

场（DFW）放弃了传统航班波结构，并在这两个主要枢纽引入了扁平时刻表结构，这已经成为解除管制时代的标志。原因是双重的：

● 随着基于互联网的订票门户网站的出现，网站上默认设置是按价格而不是按行程所需飞行时间对航班进行排序，这是由于乘客的偏好已经从偏好短暂行程时间转变为便宜的价格。随着以前强调旅行时间和航班波结构，转变到现在强调尽可能短的连接时间，尖峰时刻结构不再是对市场预期的（唯一）正确答案。

● 波浪结构成本太高，不再支持有限的连接优势。

由于 AA 在 DFW 枢纽的这种模式转变，平均连接时间增加了 6 分钟，反映了连通性的下降。"每个到达航班的平均连接数量减少两个"，而 GDS 市场份额数据"暗示市场份额中性决策""准时性能数据意味着可靠性的提高"。虽然一些评论者将这种从波浪结构的偏离误解为偏离中心辐射网络策略，由 AA、DL 和其他航空公司开发的去峰值结构可能是实现更有效枢纽的方法，但肯定不是从枢纽结构的退出。

放大如图 4-5 所示单个南北向岸状航班波的整体结构，我们可以比较滚动堤岸系统中航班波的结构一致性与波状航班波系统中的结构一致性。

虽然滚动枢纽波系统在高度定向的枢纽环境中表现良好，但它们在具有三个或更多方向的枢纽中仍处于劣势。这是由于航班波的重复频率（以及连接时间的不对称程度）随着方向数的增加而减少。在双向系统中，进港和出港波各需要 45 分钟，并添加 30 分钟的 MCT 和 45 分钟的转换时间（见图 4-5），平均连接时间为 53 分钟。"北南方向"航班波每 120 分钟重复一次，如果添加第三个方向，平均连接时间将达到 82 分钟，重复时间将达到 180 分钟。综上，给定枢纽所服务的方向越多，滚动结构服务就会越不充分，因为重复速率将变得太慢。

4.2　随机枢纽波：航班数量对传统航班波的胜利

根据定义，随机结构中没有时间框架：连接发生在进港和出港航班之间的随机事件中，没有明显的到达或离开时刻结构。假设随机分配航班（"如果猴子做时刻计划表"），预计会有多少次命中？在随机分布的枢纽时刻结构中，评估预期命中数的方法主要有以下两种。

- 分析演绎：基于 Doganis 和 Dennis（1989），Dennis（1994）和 Dennis（2001）提出的最初想法，Jost（2009）开发了一种更先进的算法。
- 用蒙特卡罗方法进行实验分析。

4.2.1　分析演绎

对于随机结构，进港航班到达时间和出港航班出发时间，都是随机的。Doganis 和 Dennis （1989）定义了计算获得一次命中的概率

$$p = \frac{\text{MaxCT} - \text{MCT}}{T} \tag{4-6}$$

其中：T 是指定机场的每日开放时间（以分钟为单位）。实际的预期命中数结果为

$$N_{\text{hit}} = b_{\text{in}} \times b_{\text{out}} \times p \tag{4-7}$$

请记住第 3 章第 3.5 节的例子，其中讨论了 100 个进港、100 个出港、10 个航班波、两个定向流，引发 500 次理论性命中的案例。让我们再次假设相同的情况，但这一次我们随机分配从 06:00 到 22:00 的所有航班，相当于 16 小时或 960 分钟的机场开放时间。我们得到的是一种"随机枢纽波"的模式。与波状或堤岸状航班波结构相比，连接在这样的随机枢纽波中表现如何？随机枢纽波结构下的航班波重叠因子（BOF，见第 3 章 3.2.2 节）等同于公式（4-6）（Doganis，1989）。在我们的例子中，假定 MaxCT - MCT=75 分钟是合理的，并且假定的机场开放时间 T=960 分钟（见上文），因此，(MaxCT-MCT)/T = 0.078125。

进一步假设一个严格的双向枢纽时刻结构（方向因子 r 为 1/2），对于我们示例中的随机堤岸状航班波结构，我们得到 100×100×0.078 125×1/2≈391 次命中

$$N_{\text{hit}} = b_{\text{in}} \times b_{\text{out}} \times p \times r \tag{4-8}$$

当将该数字与波形模式的等效数据（500 次命中）进行比较时，随机结构的潜在连通性缺点变得明显。

虽然这种算法可能适用于欧洲或美国的一些标准主要枢纽，但它对于具有重要夜间飞行活动的枢纽来说达到极限："T"的定义意味着在明确定义的时间窗内连续的飞行起降量。然而，该公式不适用于具有许多暂停或较长暂停的零

散航班簇的机场，特别是在具有 24 小时乘客飞行运行的机场，例如国泰航空（CX）在香港国际机场（HKG），阿联酋航空（EK）在迪拜国际机场（DXB）或新加坡航空（SQ）在新加坡樟宜机场（SIN）。

Jost（2009）提供了一种更普遍适用的算法来解决最少机场开放时间的问题：

一天 24 小时分为 96 个 15 分钟的时间片；每个这样的时间片，被用来确定机场是否有航班起降。对于没有航班起降计划的任何时间片，时间片被视为关闭。

接下来，根据给定进港航班可以利用给定出港航班建立命中的情况来计算概率 p，受到航班起降可能仅在开放的时间片发生的事实的约束。这种开/关约束不仅适用于被检查的枢纽机场，也适用于进港航班的始发机场和出港航班的目的地机场。

累积概率等于期望的命中次数。

4.2.2 蒙特卡洛模拟

另一种被称为蒙特卡洛的技术本质上更具实验性，因此更接近于 4.2 节中"猴子编排时刻表"的隐喻。蒙特卡洛技术在给定的机场采用特定的时间表，并有效地对所有进港时间和出港时间进行洗牌。在每次洗牌循环之后，最终的命中数是确定的。在足够多的洗牌循环之后，根据随机分布，将得到的平均命中分数作为预期命中次数的指标。在这种情况下，蒙特卡罗技术的优势在于，只有这些技术才允许对各种约束进行深度挖掘（如自适应命中窗口，请参阅第 2 章 2.3.1 节），而分析推理方法只允许一组有限的（即使不是蒙昧的）约束。

通过将观察到的命中数与预期命中数相关联，可以得到连接航班波的标准化指标，而不受潜在飞行起降数量的影响。蒙特卡洛模拟考虑了影响深远的制约因素，并且这种方法不适用于有航班起降活动经常中断的机场（航班量少的机场）。

4.3 应不应该以随机枢纽波模式运行

对于大型枢纽，随机枢纽波结构的明显缺点可能变得不那么重要。假设进港和出港航班的数量相等，并将航班波的数量视为一个独立变量，在其他条件相同的

情况下，最大命中数变为

$$N_{hit} = \frac{b_{in}^2}{b} \qquad (4-9)$$

其中：b_{in} 是进港航班数量（等于出港航班数量）；

　　　b 是航班波数量。

公式（4-9）中，分子是平方函数，分母是线性比例；这样在大型枢纽中，进港航班数量的平方可以成倍地补偿航班波增加的不利影响（航班波仅仅是线性增加的）。毫不奇怪，全球最大的枢纽，达美航空（DL）在亚特兰大杰克逊国际机场（ATL），是随机枢纽波模式的领跑者。

让我们对达美航空（DL）在 ATL 发生的事情进行一些数学运算（应用一些简化）：

2004 年夏天，DL 在 ATL 经营 11 个航班波，每天的进出港流量都为 979，运行持续时间从 06:00 到 24:00。DL 在 ATL 中有三个主要方向，每个方向都可以与另外两个方向连接。每个进港波的持续时间大约为 75 分钟。在 ATL 机场，出港波紧跟进港波或重叠，两者之间没有任何 MCT 驱动的暂停，因此，对于这个例子，我们可以安全地忽略 MCT 驱动的暂停。

将这些"波"参数应用于公式（3-8）时会导致：

$$N_{hit} = \left(979^2 \times \frac{1}{1} \times \frac{1}{11} \times \frac{2}{3}\right) \approx 58\,087\,（次） \qquad (4-10)$$

其中 979 是进港起降的数量，假设等于出港起降的数量，1/1 代表重叠因子 BOF，1/11 代表航班波数量的倒数，2/3 代表方向缩减因子 r。

假设在 ATL 的是扁平时刻结构，MaxCT−MCT=75 分钟，机场开放时间等于 1 080 分钟，应用公式（4-8）产生以下结果：

$$N_{hit} = \left(979^2 \times \frac{75}{1\,080} \times \frac{2}{3}\right) \approx 44\,372\,（次） \qquad (4-11)$$

其中 979 是飞行次数（见上文），75/1 080 相当于 p，2/3 代表方向缩减因子 r。

因此，我们必须预计命中数量会减少约 24%（从 58 087 次降至 44 372 次）。增加飞行次数可以弥补这种不利吗？为了维持最初的 58 087 次命中，还需要多少次进港航班（假设进港次数=出港次数），让我们重写公式（4-8）这样我们就可以

用以下等式得到解析的进港航班的数量

$$b_{\text{in}} = \sqrt{\frac{N_{\text{hit}}}{p \cdot t}} \tag{4-12}$$

应用该公式得到以下结果

$$b_{\text{in}} = \sqrt{\frac{58\,087 \times 1\,080 \times 3}{75 \times 2}} = 1\,120\,(\text{个}) \tag{4-13}$$

为了保持相同的连接水平，我们需要 1 120 个进港起降而不是原来的 979 个，这种必要的容量扩展相当于增加 14.4%。

如果我们试图将奥地利航空（OS）在维也纳国际机场（VIE）这样的小型枢纽中采用随机枢纽波，会发生什么？2008 年夏季，OS 在 VIE 运行了 6 个航班波，进港和出港的数量都约为 204 个，从 06:00 开始到 23:00 结束，总开放时间为 1 020 分钟。OS 主要服务于东西方交通流。每个进港波的持续时间约为 60 分钟。由于在 VIE 机场，出港波紧接着进港波，我们同样忽略了两者之间没有任何 MCT 驱动的暂停。

根据理论命中数计算公式（3-8），计算如下

$$N_{\text{hit}} = 204^2 \times \frac{1}{1} \times \frac{1}{6} \times \frac{1}{2} = 3\,468\,(\text{次}) \tag{4-14}$$

如果我们将 6 个航班波的系统转换为随机模式，所有航班以相同的运营时间间隔平均分布，假设 MaxCT-MCT 为 75 分钟（运用公式（4-8）），那么我们得到

$$N_{\text{hit}} = 204^2 \times \frac{75}{1\,020} \times \frac{1}{2} = 1\,530\,(\text{次}) \tag{4-15}$$

因此，我们不得不预计命中数量会减少约 56%（从 3 468 次下降到 1 530 次）。OS 在 VIE 的运行中，需要多少更多的进港航班来维持最初的 3 468 次命中？通过应用公式（4-12），我们可以评估所需的起降数量，以保持原来的 3 468 次命中：

$$b_{\text{in}} = \sqrt{\frac{3\,468 \times 1\,020 \times 2}{75 \times 1}} \approx 307\,(\text{个}) \tag{4-16}$$

因此，与波浪结构中的原来 204 个移动相比，OS 在 VIE 采用随机模式总共

需要 307 次起降。这意味着为了保持与 VIE 波浪结构提供的连通性相当，随机模式下必须将其飞行起降运力扩大 50%。实质上，连通性下降 56% 和 50% 的所需运力扩展似乎都不可行或不合理。

或者，OS 可以选择接受更宽的命中窗口，从而导致更多相当慢的连接。这意味着 204 架航班平均分布在 6 个波和 1 020 分钟的营业时间内（如标准航班波系统一样），每个进港波的持续时间为 1 020/6=170 分钟。如果我们将 170 分钟的进港波与 170 分钟的相应出港波合并，则最慢但允许的连接，将会连接第一个进港航班和最后一个出港航班，该航班将于 2×170 = 340 分钟后离开。为了比较，当前 OS 航司采用的持续时间为 60 分钟的航班波的最慢允许连接是 2×60 = 120 分钟。在 VIE 机场采用随机枢纽波代替目前 OS 采用的航班波，以下三个问题都是令人望而却步的：

（1）最慢允许连接从 120 分钟到 340 分钟；

（2）否则必须进行运力扩张；

（3）连通性下降。

巨型枢纽 ATL 与小型枢纽 VIE 的比较表明，规模对随机枢纽波的适用性具有极大的重要性。

实质上，随机枢纽波不是小型或中型枢纽的选择，它取决于连接和快速连接的竞争分数。随机枢纽波仅适用于非常大的枢纽。由于通过运力扩张引入随机枢纽波时，可能需要补偿部分命中数损失，因此随机枢纽波的采用必须假定建立在机场规模可持续增长的观点基础上。

4.4　网络战略是一门实验学科吗？关于枢纽结构演化

随着达美航空（DL）在亚特兰大杰克逊国际机场（ATL）的枢纽发展，最突出的扁平枢纽时刻结构之一最近又恢复了完全的波浪模式。图 4-7 显示了 2005 年 DL 在 ATL 的扁平枢纽结构，随后在 2009 年演变为尖峰波模式。虽然背后的原因是推测性的，决定采用效率驱动的扁平结构的原因可归结为在 9·11 事件后的一次工业衰退，2009 年 DL 决定回归波状枢纽结构的原因可归结为经济强劲增长。

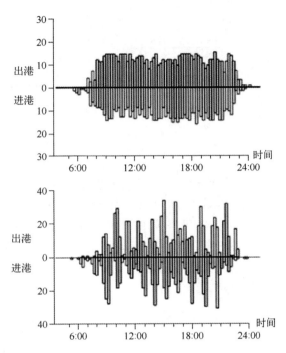

图 4-7　DL 在 ATL 从扁平（2005 年：顶部）到波浪（2009 年：底部）枢纽波结构的演变

4.5　专题：微型航班波

在 4.1.7 节我们看到，在传统的滚动枢纽波中，由于滚动结构中典型的进港波和出港波的持续时间延长，可行的连接次数和波的重复率很容易变得过少（令人望而却步），特别是在一个特定的机场必须提供超过两个或三个定向流时。利用短航班波持续时间而不是冗长持续时间可以克服这种不利因素。在图 4-5 假设航班波的持续时间总共为 45 分钟，这反映了当时流行的滚动枢纽波系统的行业标准。在图 4-8 中，我们使用相同的逻辑，但假设每个航班波仅持续 15 分钟。让我们进一步假设与用于图 4-5 的示例中相同的参数：南北各 16 个进港，出港数正好相反，30 分钟的 MCT，将导致以下连接和循环重复次数。

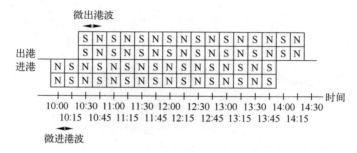

图 4-8　双向框架中的微航班波

NS 流需要 30 分钟才能连接，SN 流也需要 30 分钟。如果乘客错过连接，则在 30 分钟后尽快重复相应的定向流量。因此，如果需要，至少对于每个航班波服务的目的地（或"高价值航班"，如图 4-9 所示）可以快速收回延误的乘客。在滚动枢纽结构的背景下，我们将短航班波称为微航班波，类似于快速航班波（见第 3 章 3.3 节）。快速航班波指的是非扁平结构，微型航班波指的是扁平滚动枢纽波。

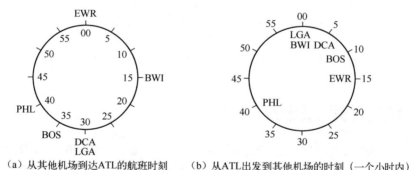

（a）从其他机场到达ATL的航班时刻　　（b）从ATL出发到其他机场的时刻（一个小时内）

图 4-9　DL 支柱航班的离港和到达时间（2005 年夏季）

微型航班波优于快速航班波的优势在于，微型航班波提供比快速航班波更快的重复周期。与随机结构相比，微型航班波的优势在于在 MCT 完成后，相应的命中窗口会立即从航班朝着可以连接的飞行方向开始。在随机结构中，在 10:30（在 10:00 从北方到达之后）飞回北部的概率将是 50%。在微型航班波中（见图 4-8），这种可能性降低到 0%。

当然，微航班波的持续时间可以进一步减少到每个微航班波 5 分钟的时间片。重要的是要了解微型航班波的优势是假设所有方向都由同样的机型服务，如果方向是高度依赖特定机型的，那么微航班波的优势就会被稀释。微型进港或出港航班波的最佳持续时间为

$$BDI = BDO = \frac{MCT}{DR} \tag{4-17}$$

因此，要适应的方向（DR）越多，就必须切割越薄的微航班波切片，或者将适应性较差的微航班波作为一种结构来适应全方位枢纽的需要。在美国，大多数枢纽要么是双向的（DFW，ORD），要么是三向的（ATL）。图 4-10 给出了 MCT 为 30 分钟的三向微航班波结构的示意示例。

图 4-10 三向微航班波情景

在这个例子中，NS 流在 30 分钟后连接，SN 在 45 分钟后流动；SW 流量在 30 分钟后连接，WS 流量在 45 分钟后流动；WN 需要 30 分钟，NW 需要 45 分钟。重复时间是 45 分钟。注意，方向和反方向的连接时间是不对称的，快速航班波也是如此。在微型或快速航班波框架中提供的方向越多，所产生的连接时间就越不对称。

在以下情况下，微型航班波很容易变得非常错综复杂：

● 必须服务三个以上的方向；
● 对称定向航段具有非常不同的流量；
● 必须容纳大量的长途航班，包括进港和出港；
● 很少有目的地可以高频率地服务。

4.6　勇敢者的冒险：低成本长途运输

为了将低成本理念应用到长途市场，人们进行了各种各样的实验，但大多数都失败了。原因如下：

中短途低成本航空公司很少有成本优势可用于长途运输，然而，LCC 商业模式的一个明显的成本优势可以立即得到应用：座位密集布局。这将导致每架航空器拥有更多的座位，或者更好地开发"盈利能力"。长途飞行，大多数航班可变成本要么是受管制的，要么是垄断的，要么两者兼而有之，成本优势的空间很小。然而，与中短途相比，长途飞行的可变成本在总成本中所占的份额要高得多。因此，中短途运输的成本优势随着长途运输而减弱。

除了座位密集，长途 LCC 成本优势的唯一有效驱动因素是乘客可变成本。因此，LCC 的"不提供餐食"服务理念是全方位服务运营商在长途运输中无法获得的唯一成本优势。然而，在长途旅行中，服务比短途旅行更为重要。除了"不提供餐食"业务模式的结构性成本优势之外，长途 LCC 还可以从启动空白票据方法优势方面来协商劳工和机场服务合同，使其比在位全方位服务运营商具有更高的成本优势。

全方位服务的航空公司也学会了反击：宽体长距离航空器后端的座位可以以边际成本销售，其价格水平与长距离低成本航空公司的平均价格相同。在这种情况下，全方位服务运营商有更好的服务理念，使得全方位服务运营商占了优势，这对长途 LCC 是不利的。一些最近的 LCC 长途新进入者强烈强调了与密集座位相结合的启动空白票据方法优势。初步的成功指标似乎很有希望，但需要更多的时间来评估这一模式的可持续性和普遍适用性。

4.7　打破网络结构规则？在高价值航班上

在随机枢纽波结构的家族中，高价值结构不同于完全连续的商业随机航班起降流。高价值系统包括具有最高商业重要性的航班（因此称为"高价值"），这些航班的起飞或到达时间为每一整小时和半小时。然后，所有其他航班的起降时刻随机放置在这些高价值航班周围。在 2005 年达美航空（DL）在亚特兰大（ATL）首次发布的修改后的枢纽系统中，这种高价值航班非常突出（图 4-9）。

表 4-1 总结了各种枢纽结构的结构特点。

表 4-1　各种枢纽结构的结构特征

	随机	岸堤
扁平	航班在一天中均匀分布（"去峰"），没有任何明显的时间结构 示例：达美航空（DL）在亚特兰大机场（ATL），2005，见图 4-7	在一天的过程中，航班均匀分布（"去峰"），建立在特定性质的航班时间集群的无缝序列上，例如方向或价值 示例：美国航空（AA）在达拉斯机场（DFW），2005，见图 4-6
波状	—	进出港航班的时间集群序列，被减少活动时段来分开彼此 示例：法国航空（AF）在戴高乐机场（CFG），2009

第 5 章　航班波设计案例分析

摘要：在这一章中，我们将讨论两个航班波设计案例：一个是通用的自下而上的案例，给定一个目标，添加一些约束，然后从头开始；另一个案例研究了2009—2010 年冬季，自上而下地重新设计荷兰皇家航空（KL）的枢纽波。

5.1　案例 1

我们将逐步分析这个案例。让我们假设一个小型枢纽需要构建一个包含 8 个进港航班和 8 个离港航班的航班波，所有航班都具有相近的短程/中程飞行距离，所有衔接都具有相似的价值，所有航班都以 30 分钟的最短衔接时间衔接，所有航空器都可以有30 分钟的过站时间。此外，所有航班都可以在各自的分站有效地轮换。在最简单的情况下，理论上可能的衔接最多是 $8 \times 8 = 64$ 条。这需要所有 8 个进港航班同时到达，所有 8 个离港航班同时起飞。让我们进一步假设一个容量有限的机场，每 15 分钟最多有4 个进港和 4 个出港航班，调度人员面临着一个两难境地：是优化衔接性还是航空器利用率。图 5-1 显示衔接性驱动的解决方案，而图 5-2 显示了利用率驱动的解决方案。

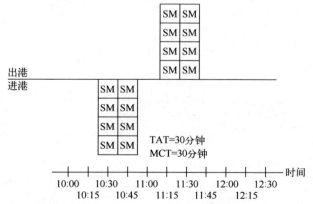

图 5-1　案例 1：适用于短程/中程航班的衔接性驱动的解决方案

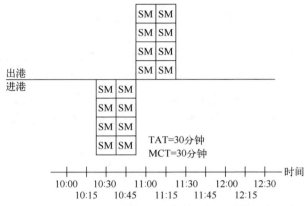

图 5-2　适用于短程/中程飞行的利用率驱动的解决方案

表 5-1 显示了衔接性主导的方案的命中数、平均衔接时间和平均空闲时间。表 5-2 显示了利用率主导情况下的绩效指标。

表 5-1　图 5-1 所示衔接性驱动的方案的绩效

命中数	64
平均衔接时间	45 分钟
平均空闲时间	15 分钟

表 5-2　图 5-2 所示利用率驱动的方案的绩效

命中数	48
平均衔接时间	35 分钟
平均空闲时间	0 分钟

比较这两个解决方案的性能数据，利用率驱动的波结构显然提供了少于 25% 的命中率（48 而不是 64）；但是，这些命中率平均快了 25%（35 分钟而不是 45 分钟）。最重要的是，利用率驱动的结构可以在零空闲时间下生产：所有航空器可以在最小值 30 分钟的 TAT 下中转。

在第 3 章 3.2.2 节，我们讨论了进出港航班波重叠的影响。这个简单的案例使它变得更加显而易见。航空器利用率和快速命中的优势真的值得让绝对命中次数妥协吗？如果各自竞争环境要求有效衔接作为吸引足够流量的先决条件，则航班波不应重叠，且必须接受航空器或机组利用率下降的妥协。如果竞争压力对成本的影响大于衔接性，航班波就更有可能重叠。德国汉莎航空在法兰克福机场的枢纽波（见图 3-11）说明了后者，而美国西北航空在底特律机场的枢纽波（见图 3-8）说明了前者。

现在让我们假设我们增加了 4 个进港和 4 个离港的远程航班，这些远程航班的过站时间（TAT）是 120 分钟，远程转短程/中程的最短衔接时间为 60 分钟（反之亦然）。我们研究三种结构配置，以将短程/中程航班与远程航班结合在一起。

第一种选择（图 5-3）围绕图 5-1 中形成的结构模式定位远程航班，相应的绩效指标见表 5-3。

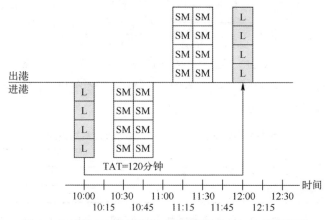

图 5-3   在图 5-1 的短程/中程航班模式中加入远程航班

表 5-3   图 5-3 所示结构的绩效指标

中短途到中短途	命中数 64		
	平均衔接时间 45 分钟		
	平均空闲时间 15 分钟		
远程到中短途+中短途到远程	命中数 32+32=64		
	平均衔接时间（82.5+82.5）/2=82.5 分钟		
	平均空闲时间 0 分钟		
远程到港时刻\中短途出港时刻	11:15	11:30	平均衔接时间
10:00	75 分钟（16hits）	90 分钟（16hits）	(75×16+90×16)/32=82.5 分钟
中短途到港时刻\远程出港时刻	12:00		平均衔接时间
10:30	90 分钟（16hits）		(90*16+75*16)/32=82.5 分钟
10:45	75 分钟（16hits）		

第二种选择是围绕图 5-2 中显示的生产率主导的模式设置远程航班（图 5-4）。将产生表 5-4 所示绩效指标。

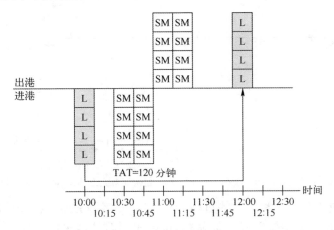

图 5-4　在图 5-2 中生产率主导的情况下加入远程航班

表 5-4　图 5-4 所示生产率主导情况的绩效指标加入远程航班

中短途到中短途	命中数 48 平均衔接时间 35 分钟 平均空闲时间 0 分钟		
远程到中短途+中短途到远程	命中数 32+32=64 平均衔接时间(67.5+82.5)/2=75 分钟 平均空闲时间 0 分钟		
远程到港时刻\中短途出港时刻	11:00	11:15	平均衔接时间
10:00	60 分钟（16hits）	75 分钟（16hits）	(60*16+75*16)/32=67.5 分钟
中短途到港时刻\远程出港时刻	12:00		平均衔接时间
10:30	90 分钟（16hits）		(90*16+75*16)/32=82.5 分钟
10:45	75 分钟（16hits）		

解决同一问题的第三种方法：这种方法不是使用短程/中程航班作为起点，而是使用远程航班作为起点。让我们假设一组 4 个进港远程航班的航班，都在当地时间 10:00 到达（图 5-5）。考虑到远程航班的最短衔接时间为 60 分钟，接驳该远程进港航班的离港航班从 11 点开始运行。

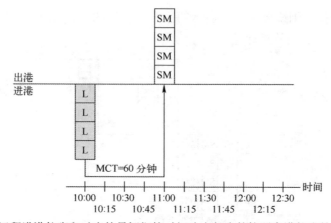

图 5-5 远程进港航班和对应的最短衔接时间决定相应的接驳离港航班的离港时间

考虑到最佳航空器利用率的目标,计划 11:00 接驳的航空器需要何时到达?对于周转时间 30 分钟的航空器,必须在 10:30 准时到达(见图 5-6)。

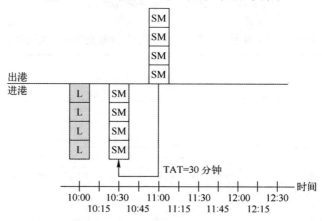

图 5-6 短程/中程和最短衔接时间
远程进港航班波的到达时间(10:00)和 30 分钟的周转时间
决定了接驳航班波的航空器到达时间(10:30)

下一步,我们需要评估 10:00 抵达的远程航班的正确起飞时间。假设在基地为远程航空器提供 120 分钟的过站时间,而任何满足 MCT(60 分钟)的离港时间对远程航空器离港来说都太短,远程航班的离港必须在远程航班进港 120 分钟之后,这将导致绝对起飞时间为 12:00（见图 5-7）。

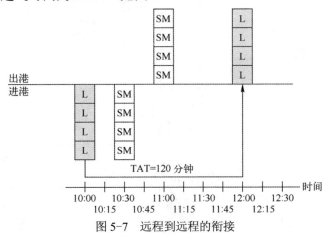

图 5-7 远程到远程的衔接

离港远程航班跟随进港远程航班，延迟 120 分钟（远程航班过站时间）

在 12 点出发的离港远程航班的前序航空器，从短途/中途航班接驳到远程航班的必须至少提前的 MCT，本例假设为 60 分钟。因此，用于前序远程离港航班的航空器从 12:00-60 分钟=11:00 开始准备（见图 5-8）。最后，我们必须确定图 5-8 中增加的短途/中途前序航班的后续起飞时间。如同图 5-6 所示一样，添加 30 分钟过站时间将导致相应离港航班生产效率优化的起飞时间为 11:30（见图 5-9）。

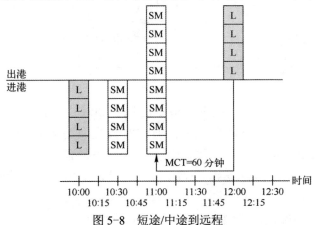

图 5-8 短途/中途到远程

将作为远程航班的航空器在远程离港航班出发前 60 分钟，即 11:00 开始准备

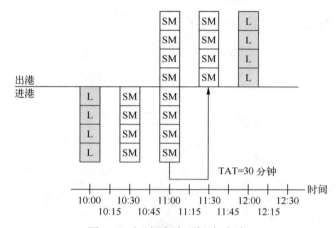

图 5-9 短途/中途到短途/中途

此方案通过应用 30 分钟的中转时间来添加远程前序航班（进港）的离港航班波

由此产生的绩效得分概述见表 5-5。

表 5-5 图 5-9 所示调度方案的绩效指标

中短途到中短途	命中数 48 平均衔接时间 40 分钟 平均空闲时间 0 分钟
远程到中短途+中短途到远程	命中数 64 平均衔接时间 75 分钟 平均空闲时间 0 分钟

通过比较远程和短程结合的三种方法，我们可以清楚地看到，没有"最佳"的解决方案。每种方法都有其特定的优点和缺点：围绕衔接性主导的短/中途运输航班波构建的衔接数最多，但相对较慢。另外两种选择（一种是基于生产率主导的航班波，另一种是围绕远程航班的需求开发的）总体绩效相近，但结构不同。基于生产率主导的航班波设计的方案在衔接时间方面有一点优势。

对于所有三个选项，我们可以应用两个通用规则：

- 结构跟着战略走。期望什么样的表现？哪种结构最有助于实现这样的性能？
- 在某种程度上，时刻表结构损害了资产生产率、命中数和执行时间。

5.2　案例 2

　　从 2009—2010 年冬季开始，荷兰航空为其在阿姆斯特丹史基浦机场的枢纽引入了新的枢纽结构。枢纽结构的这种改变为自上而下研究真实案例提供了一个很好的例子。图 5-10 比较了建立在六个航班波上的"旧"结构和减少到五个航班波的"新"结构。

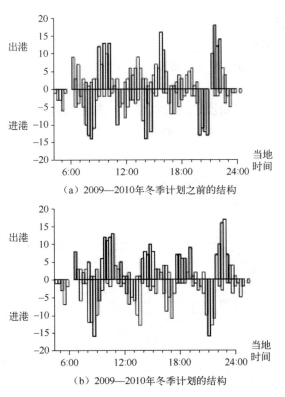

（a）2009—2010 年冬季计划之前的结构

（b）2009—2010 年冬季计划的结构

图 5-10　荷兰航空在阿姆斯特丹史基浦机场的航班结构

在图 5-10 中，我们可以观察到：

- 减少航班波数量。11:00 到 19:00（当地时间）之间的三个航班波被浓缩成两个航班波。如第 3 章第 3.4 节所示，航班波数量的减少将导致衔接数的显著增加。
- 减少重叠。虽然前三个航班波明显重叠（进港—离港重叠），但是两个后续的航班波不重叠。减少进港—出港重叠可能会导致更多但更慢的衔接（参见第 3 章 3.2.2 节）。
- 紧凑的航班波。与之前相比，新航季航班波的进港和离港波（BDI、BDO）的持续时间缩短了。这一措施预计将减少命中的平均衔接时间（参见第 3 章 3.2 节）。

对这种航班结构设计的定量分析显示，荷兰航空在新的时刻表中已经减少了大约 10% 的运力（见表 5-6）。运力的减少会过度地减少衔接次数（参见第 3 章 3.1 节）。然而，新系统的衔接率只下降了 4%，换言之是不成比例的下降。当根据潜在的进港航班数量（乘客角度）进行调整时，每个进港航班的平均衔接率上升了 8%。荷兰皇家航空通过减少航班波数量、消除航班波重叠和紧缩航班波来克服运力下降的缺点。

表 5-6 阿姆斯特丹史基浦机场新旧枢纽结构的绩效比较

	指标	旧	新	改变的百分比
容量	目的地数量	245	221	-10
	起降数量	7 366	6 543	-11
	座位容量	1 056	953	-10
	可用座位公里数	3 119	2 909	-7
	每条航线的平均频率数	16.3	16.2	-1
衔接性	衔接数	55 646	53 296	-4
	每一进港的衔接数	15.1	16.3	8
	每一远程离港的衔接数	21.8	20	-8

可用座位公里数（ASK）：衡量航空公司客运承载能力的指标，公式为：

ASK=所有飞机可供销售的座位数×所有航线总里程

　　ASK 就是航空公司的产能，也就是其航行资产和资源可以产生的最大经济效益。ASK 越大，说明航空公司拥有越多的航线和运力资源，当航空市场转好时，ASK 越大的公司通常业绩增长也最快。在市场处于平稳增长和充分竞争阶段，客座率和平均座位公里数价格较 ASK 而言，是决定航空公司业绩更为重要的经营指标。ASK 指标在航空公司财务报告中通常会有披露，也可向公司直接问询获得。

第6章 规划和控制网络：网络高等数学、直觉和权力的游戏

摘要：在本章中，我们将回顾网络管理的关键组织、结构和程序选项，网络控制的基本原理以及支持此类流程最重要的 IT 工具。尽管存在无穷无尽的变化，但网络规划过程可分为三个主要阶段（见图 6-1）。第一阶段采用长期或战略视角，而第二阶段则侧重于中期或下航季的时刻表，第三阶段涉及短期或正在进行的时刻航季。在网络规划中，时刻结构随着规划人员添加频率或目的地、调整机队分配、改进代码共享及优化每日时刻或工作日模式而逐步发展。相比之下，零基础的网络或枢纽重新设计很少使用。但是，长期或战略性网络规划包含了基础网络和枢纽重新设计的许多方面。应该定期对照检查零基础的重新设计和此类规划，以确保当前网络系统的可持续性。

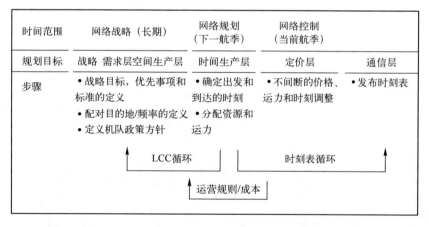

图 6-1 基于零的枢纽重新设计阶段（"规划目标"项下的注释将在第 10 章中讨论）

6.1 长期视角：战略规划

过去，许多航空公司认为长期规划或战略规划需要与各自下一航季的时刻计划同样详细。所需车队是通过对反映市场机会的长期计划，进行受轮班限制的全面评估来确定的。今天，这个过程被逆转了：资产（航空器和基础设施容量）的计划演变被当作网络规划的战略输入，而网络规划又相应地规划产品和生产。除了财务规划要求外，这一变化的关键原因是长期规划与最终实施的规划几乎没有相似之处。因此，添加大量细节到长期规划中没有任何价值。此外，长期规划中普遍存在的操作细节往往使人们不再关注竞争基准的真正重要方面：需要不断挑战基本战略信念和保持市场适应性。

在规划网络战略时，最好将此阶段视为基于零的规划过程，这样，外部市场力量和内部运力可以不断地与已建立的网络结构进行权衡，我们将此过程描述为"零基础"。典型的航空公司目的地组合配对很少是彻底研究市场的直接结果。其他因素，例如其演化历史、网络和生产要求，都决定了目的地和相关频率的最终组合配对。在自由化之前的欧洲航空公司提供了一个很好的例子，每个国家都运营着政府拥有的"旗舰航空公司"。向各国特定地区提供航班服务的政治考虑，导致了不同的网络结构，并具有不同的运营和财务指标数据。

即使在今天自由化的欧洲市场，如果没有补贴的航空服务，许多偏远地区也无法运营。在欧洲，欧盟（EU）委员会允许国家援助服务于某些目的地，这一原则被称为"公共服务责任（PSO）"，其适用性受到高度约束和监管。如果没有这样的 PSO，希腊和葡萄牙的许多岛屿将与世界脱节，爱尔兰和芬兰的偏远地区也是如此。PSO 在很大程度上决定了航空公司网络的整体范围。

6.2 中期视角：战术规划

在规划中期（类似于规划下一个航季或"战术规划"）时，以当前时间表或经批准的战略方案为基准，然后，该基准被逐步调整，以满足下一航季计划的产品和生产要求。这种调整通常是一个频繁迭代的过程，特别是在网络规划和运营部门（机组、机队、维修）之间。但是，这些迭代通常会变成组织冲突。虽然商业目标天然与运营目标不同，一些争议是自然和可取的，但这些组织目标冲突升级的原因通常是由于流程组织缺陷而不是个人行为不当。

通常，底层工作流程预见到从运营部门到商业部门的"批准"反馈循环，但缺乏具有相同方向的结构化和定义良好的前馈循环。网络规划需要知道运营部门用来评估计划场景的规则和标准：是什么使计划在运营上变得昂贵或高效、脆弱或健壮？转交给业务部门进行评估的时刻表必须透明地符合这些规则和标准。网络计划是平衡计划收入和（直接）运营成本的组织职责和责任之间的接口（见 6.6 节）。

尤其是网络规划的复杂性导致了支持这些流程的复杂 IT 工具的开发和部署，以及在更高层次上控制规划复杂性的能力。航空公司的盈利模式（APM）就是一个突出的例子。使用时刻方案和竞争对手的时刻作为输入，这些工具生成每个 O&D 或路线可能的市场份额的估计，这些功能是第 2 章 2.3.4 节讨论的市场份额模型的变体。下一步，这些工具将每个 O&D 的预期市场份额乘以每个 O&D 的总乘客需求估计值（见第 1 章 1.8 节），以及相关的单位生产成本，然后提供对基础时刻方案的总体盈利能力的预测。

APM（航空公司业绩管理）工具最初出现在 20 世纪 80 年代末和 90 年代初，并迅速成为所有航空公司的标准中央网络规划工具。对可能的市场份额的评估很快就受到了早期版本无法纳入票价差异的影响。在网络运营商和 LCC 之间竞争激烈的市场上，尽管先进的 APM 版本包含了定价参数，但 APM 往往会失败，而且将来仍然会失败。这些工具现在用于支持而不是替代专业判断。

APM 的另一个缺点是将市场份额估计值与乘客需求估计值相乘以产生可能的收入，通常会导致较大的误差。同样，应用单位成本将网络成本驱动因素转换为预期的网络成本存在推断（放大）有限生产率的风险。通过应用源于较旧、效率较低的网络版本的单位成本，将阻碍更高效的网络方案。因此，基于可疑收入和成本预测的"盈利能力"预测并未提高 APM 工具的可信度。APM 工具的弱点源于他们声称提供了"准确"的数字；实际上，它们提供的模糊估计值存在很大的误差。

但是，APM 工具在比较计划方案中是必不可少的。在这里，数据或校准的误差在所有被探索的场景中是相同的，并且由此产生的场景排名应该是可靠的，即使它们不是绝对正确的分数。

网络规划的最后一步是准备、实施和管理 IATA 时刻会议的结果。网络计划需要不同的或新的时刻。但是，在高度拥挤和 IATA 时刻协调的机场可能无法使用此类时刻，并且可能需要高度灵活性来确定时间敏感的时刻表方案。先进的时刻管理工具有助于调度程序根据特定时隙的可用性快速调整调度方案。在一些机场，特别是希思罗机场（LHR），出现了一个灰色的时刻交易市场。因此，时刻市场的出现使得时刻的市场驱动估值成为可能。到目前为止，时刻价值是高度不稳定的。然而，在最近的过去，一些时刻的价格达到了两位数的百万欧元。[6]

6.3 短期和持续的观点：网络控制

在正在进行的航季中，网络时刻表会随着时间、设备、频率、容量和价格的不断变化而变化（此阶段也称为"运营计划"）。正在进行的航季中，尤其是运营当天的前几天，网络时刻表会受制于收入管理系统复杂而高深的概念、工具和程序的影响。由于对盈利能力的巨大影响，航空公司寻求将运力、时间和票价的各个方面与特定 O&D 需求和竞争环境的短期演变调整一致。规划在实施前有很长的预设时间段，在这个时间段需要不断调整给规划带来了巨大的压力，例如机队和乘务人员的分配。五年前，主要网络运营商的网络时刻表的相应交付时间大约为几个月，但先进的航空公司已将这一数字减少到几天。应该注意的是，在短时间内调整航空器类型的能力是以高复杂性成本为代价的，而这又是难以评估的。出于这个原因，一些航空公司关注的是复杂的时刻嵌套控制，而不是复杂的短期机队分配。

收益管理的一个关键要素是"嵌套"的概念（见图 6-2、图 6-3）：如今，典型的网络运营商在每个航班上提供十几个预订类型，每个预订类型在某些服务和灵活性特权方面各不相同。对于最昂贵的预订类型（票价类型），很少有限制条件；对于较低价格的预订舱位，乘客必须接受某些限制，例如著名的"周日远足"规则（往返航班之间必须接受一个完整的星期日）。这些预订类型对经常出差的商业

---

⑥ 这就提出了谁拥有时刻的问题。从法律的角度来看，这个问题是无法回答的。如果时刻价值是航空公司的财产（正如航空公司间时刻交易的事实所表明的那样），它们必须在航空公司的资产负债表中被激活。尽管时刻的使用权是实质性的和真实的，但时刻在资产负债表中到目前并没有被激活。

乘客的吸引力降低。

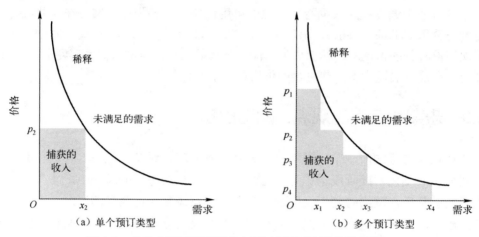

（a）单个预订类型　　　　　　　　（b）多个预订类型

图 6-2　从单个预订类型到多个预订类型再到优化捕获收入

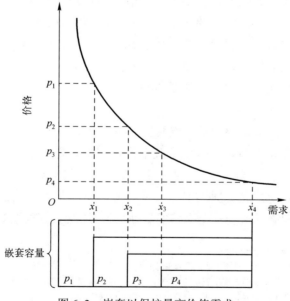

图 6-3　嵌套以保护最高价值需求

原则上，嵌套意味着给定航班 100%的座位容量可供最高票价预订。在这一运力中，也有少数座位可供低价购票。如果整个运力可以提前出售给高票价乘客，高价值预订将自动覆盖低价值乘客的"嵌套"运力。如果所有的运力都能以低票价提前出售，那么超出嵌套运力的运力（只有几个座位）将被封锁。如果座位容量是固定的而不是嵌套的，那么高价值预订类的需求将不得不被拒绝，以适应低价值的需求。

嵌套允许使用全范围的价格弹性。单一票价或价格点仅对应于"支付意愿"这一价格的一个档次，不包括更高档次的价格弹性。因此，同一产品的多个价格点最有意义。不过，如果乘客愿意花 500 欧元买票，但可以用 100 欧元买到同一航班、同一服务水平的座位，他们自然会避免更高的票价，且会买便宜的票。如果 100 欧元票价的"低价交易"需要接受周日出游规则，并且年龄在 60 岁或 60 岁以上，典型的商务旅行者将不得不避免此类讨价还价。因此，那些适用于低廉票价的"限制"被称为"围栏"，因为设计它们的目的是阻止更高价值的需求获得廉价价目表（见图 6-4）。围栏本身就是一门科学，它在价格规划者中引发了惊人的创造力（见附录"油漆和定价"的案例）。

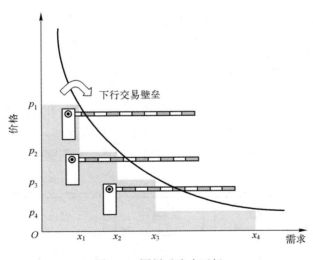

图 6-4　围栏以防止下行

嵌套原则带来乘客可能不会如约购买预订座位的风险。在这种情况下，最好提前开放低值需求的产能。管理此风险需要预测每个 O&D 和预订类别的特定日期需求变化。

6.4　网络管理组织内部的结构

在决定有意义的组织结构或流程之前，必须定义航空公司内部网络管理的角色。关键问题是：谁对收入和成本负责？主要有以下两种典型模式。

在第一种模式（见图 6-5）中，网络责任由更广泛的商业单位承担，通常与销售并行，并被设计作为收入中心。这个商业单位是一个负完全责任的收入中心，与负同样责任的运营成本中心一样。在这个框架内，需要严格的程序来确保收入和成本的适当平衡。

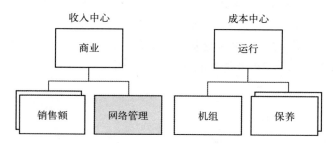

图 6-5　网络管理是更广泛的商业组织单位的一部分

在第二种模式中（见图 6-6），网络管理被定位为销售和运营之间的利润中心。这样，成本和收益最佳平衡的责任和能力就在于网络管理。需要考虑的一个关键问题是：在这种航空公司组织结构中，网络管理单元变得强势。

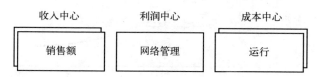

图 6-6　网络管理作为销售和运营之间的利润中心

6.5　网络管理中的组织结构

大多数网络运营商遵循以下三种组织模式的变体。

6.5.1　按时间范围构建

这种模式的基本原理是长期、中期和短期网络规划有不同的目标，需要不同的方法。通常，长期或"战略性"网络规划侧重于运力开发和基本网络设计（枢纽的数量和作用）。中期计划部分通常被称为"下一航季计划"，主要关注目的地、频率、一天中的时间模式、将航空器类型分配给特定航班、规划航空器和机组轮换，以及发布最终计划。短期规划或"本季"，着眼于产能和时刻的短期调整，以适应短期市场变化。这是大多数欧美网络运营商的典型模式。

6.5.2　按枢纽构建

一些航空公司将按枢纽划分的责任作为主要的组织原则（见图 6-7）。该计划试图强调企业家精神和降低复杂性成本，而不是充分利用协同作用。汉莎航空（LH）是这一组织机制的主要支持者，通过利用独立于分散枢纽管理者的报告线，以中心网络战略和运力分配功能补充了分散枢纽管理职责。在收购欧洲航空公司时，这种混合模式给予了 LH 足够优势，因为收购的航空公司的现有网络规划部门可以轻松地被作为额外的枢纽管理部门进行整合。此外，每个枢纽管理团体都可以按时间范围进行内部组织。

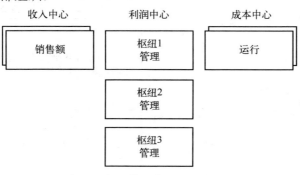

图 6-7　枢纽管理作为组织的重心

6.5.3 按地区构建

这是典型的缺乏大量中转量的航空公司的组织方案。大多数美国主要航空公司在引入枢纽辐射系统时，都从这种组织模式转向基于时间范围的结构。在欧洲，连接驱动的航空公司，如汉莎航空（LH）或法国航空/荷兰皇家航空（AF／KL）在20世纪90年代也做了同样的事情；这种模式也常见于亚洲市场。这种组织结构中，网络规划者的区域责任制不允许对中转流量进行适当的规划，因为这种流量通常会跨越多个规划者的职责，导致冲突和次优结果。

6.6 如何通过网络赚钱：网络控制的艺术

网络的利润有多大？一个航班的利润是多少？特定的中转连接有多大价值？当成本和收入必须被分配到贡献这些成本和收入的地点时，例如，覆盖三个连续航段的连接航班被支付的总收入，如何被分配给这些组成航段？我们如何才能将间接成本（如航空器租赁费）联系到单个航班或航线上？

在决定哪些市场是盈利的，以及扩张机会在财务上如何比较时，各自的收入和相关的可变成本以及由此产生的边际贡献水平是主要关注点。航空公司通常会区分三种可变成本和边际贡献水平，并采用不同的详细定义。在表6-1中，我们总结了成本类型如何应用于贡献水平，以及需要哪个贡献水平来回答某些问题。

表6-1　航空公司可变成本（"网络层"一栏中的注释参考第10章中的讨论）

贡献边际水平	相关成本类型	贡献水平低于0时要问的问题	网络层
乘客 变量 成本	与服务乘客相关的所有可变成本： ● 销售佣金 ● 餐饮费用 ● 娱乐 ● 乘客处理 ● 可变燃料 ● 可变乘员	是否应该减少乘客数量（有利于更高收益率的乘客）？	运力和定价层
航班 变量 成本	与航空器飞行有关的所有可变成本： ● 固定燃料 ● 机场费用（每次起降） ● 导航费用 ● 可变乘员 ● 可变维护	应该减少服务频率还是终止特定的路线？	与时刻相关的生产层

贡献边际水平	相关成本类型	贡献水平低于 0 时要问的问题	网络层
航空器 所有权 变量 成本	所有与拥有航空器相关的可变成本： ● 固定维护和工程 ● 租赁费和/或折旧和利息 ● 固定机组 ● 保险	机队应该减少吗？	空间层和 需求层

6.7　一个潜在的危险概念：航线盈利能力

在一个纯粹的点对点的世界里，网络控制是简单的：收入显然归因于个别路线。这同样适用于大多数可变成本部分，如可变的乘客和航班成本。有关如何分配航空器拥有的可变成本的政策因航空公司而异。调配此类间接可变成本的一个经验法则，是将特定于机队或子机队的间接成本，按此路线所消耗的飞行时间的比例，分配到各个机队或子机队的总消耗时间中。

对于大多数规划和监控来说，考虑乘客和航班的可变成本就足够了。对于短期决策尤其如此，因为所有与飞行相关的成本都已承担，而且从实际的角度来看，这些成本已得到有效的固定。如何将这些费用分配给整个网络的各个组成部分的问题并没有改变成本已经被有效固定的事实。然而，在计划扩大机队时，必须了解其对网络的各自影响，包括额外的机队和乘务人员费用。

如果个别航空器的租赁费率不同，或者一架航空器已租赁而另一架航空器已完全折旧，在将成本分配到航线时，是否应反映出这种成本差异？除非一架特定的航空器经常被指定到一条特定的航线，否则不会反映这种成本：因为这种成本是由运营一个机队而不是为服务一条特定航线所驱动的。不管哪架航空器被分配到哪条航线，总体拥有成本保持不变。

一个未充分利用的机队的边际成本经常被误解。有些航空公司的经理有时根据边际成本而不是全额成本来计算一条航线的盈利能力。他们奇怪的理由是，由于运力无论如何都是可用的，在某条航线上使用一架原本不活跃的航空器，只需要很少或根本不需要额外的费用。结果，一个网络可能出现赤字，即使它的所有个别线路都显示出正的边际成本。因此，航线盈利能力中的边际成本计算应该被认为是非常有害的，应该避免。

6.8 如何分配连接航班的成本和收入

6.8.1 航线盈利能力及其局限性

航线盈利能力旨在将所有相关的收入和成本分配给各自网络内的每条航线。在此框架中，每条航线都被视为利润中心。只要在网络中有很少或没有连接流量，航线盈利能力计算是控制网络的最简单和最合适的方法。但是，如果网络转运大部分中转流量，情况就不是这样了。乘客为整个行程支付一笔费用，这一数额通常大大低于乘客每个航段都单独购买的机票的总价格。假设由初始短程支线和长途航班组成的联程航班的票价为 100 欧元，我们如何将这 100 欧元的收入分配给乘客行程的两个部分？是按可变成本的比例分配该收入，还是应按距离的比例分配？或者分配给初始短途航段，因为所有航段完全依赖于初始航班来产生收益？或者分配给后续的长途航段？在提供大量中转流量的网络框架内，个别路线可能不被视为利润中心。在这些情况下，每条航线的盈利能力取决于 O&D 市场之前和之后的网络。在承载高份额中转流量的网络中，路线盈利能力分析仅作为首选参照指标。

6.8.2 网络价值贡献

在连通性驱动的网络中，我们必须将航线盈利能力问题从"特定航线的盈利能力是多少？"改为"特定航线对整个网络的贡献是什么，包括所有之前和之后的流量？"简单地说："不服务这条航线的负面机会成本是多少？"

经过验证的网络规划和监控方法侧重于单个航线的网络价值贡献（NVC），其工作流程如下：

- 从标准航线盈利能力数据中，减去所有关键收入。
- 下一步，连接行程的计划收入或经验收入将全部（因此，两倍或甚至三倍）分配给每个贡献航线。
- 将该航线产生的真正点对点调配收入相加，即该航线的 NVC。

这样，每条航线都承载其全部机会成本：如果未提供此航线服务（溢出和重新捕获之前），则所有分配的收入都将丢失。结果，网络规划人员或控制人员获得在列表顶部具有高价值的路线，在列表底部具有最低值航线的排序列表（反之亦然）。数字会取决于分配成本的贡献水平。在解释 NVC 数据时必须非常小心：网络中所有 NVC 的总数远远超过产生的总收入。因此，总 NVC 是无意义的数字。只有网络不是为特定路线提供服务的，NVC 才能作为整个网络收入结果的有力指标。如果一条航线相应的 NVC 超过分配的可变成本，则该航线提供正值贡献，但可变成本超过完全分配的 NVC 的航线应该删除。

第7章 竞争、合作、合作竞争和反垄断：平衡规模经济和竞争性市场结构

摘要： 重叠的网络是航空公司之间竞争的根源，也是协同效应在潜在的联盟扩张或公司合并中的关键驱动因素。网络重叠也越来越容易受到反垄断机构的法律诉讼。正如最近的合并、协同和反垄断案例所显示的，网络重叠所带来的效应是多方面的。因此，本章回顾了各种类型的网络重叠，并评估了各自的竞争和协同效应。我们权衡了航空公司联盟中成本和收入的分担和分割方案，以及此类利益分享公式的局限性。

网络重叠对航空公司的竞争至关重要。只有当航空公司竞争相同的起源地、目的地、O&D 对或时刻时，乘客才有机会做选择。了解网络重叠不仅对乘客和航空公司的规划人员有利，对反垄断组织和监管机构也有帮助。网络重叠可以定义为以下维度：

- 重叠的目的地；
- 重叠的直达航线；
- 重叠的中转行程；
- 重叠的中转 O&D 对。

一个区域航空市场的中转交通流越大（大多数美国、加拿大和欧洲市场），上述前两个维度的相关性就越低，后两个维度的相关性就越大。例如，两个严格以航线为中心的低成本航空公司可能服务于同一个机场，但在航线上仍然没有重叠。目的地重叠不足以说明航空公司产生了网络重叠，因为从乘客的角度来看，最低竞争水平必须发生在航线层面。目的地层面的重叠在评估企业财务的主导地位时是有关联的，但与网络的任何航段无关。对于枢纽化的网络，行程的重叠或 O&D 对重叠，比目的地的重叠要重要得多。美国主要航空公司之间的网络重叠率通常高于欧洲航空公司之间的网络。这主要是因为美国国内航空市场覆盖了巨大的地理空间，竞争对手都在努力扩大和最大化市场份额，由

此产生的网络重叠显然促成了过去残酷的价格战，并引发了目前仍在进行的整合。从历史上看，许多航空公司的网络（在一些有名的例子中，目前仍然是）都植根于受到高度监管和保护的本国内部网络，这些网络之间的竞争发生在"邻国"交通市场。前欧洲"国家航空公司"正慢慢进入放松管制的欧洲"外国国家市场"，只有廉价航空公司利用了放松管制之初的机遇，填补了许多新兴的跨境或国家的网络空缺。

关于网络重叠的另一个极具指导意义的观点是分析特定网络的哪一部分会面对哪一种竞争水平。除了从整个航空公司网络的角度分析重叠之外，如果应用于航空公司给定的关键枢纽，这种分析尤其具有指导意义。网络重叠在设计和管理支线航空网络中也起着关键作用，大多数美国大型航空公司会与支线航空公司充分合作，有效地利用支线航空公司为自己的枢纽机场汇聚客货流和疏散客货流。支线航空公司的运营航段在某种程度上相互重叠，以便在他们之间维持最低水平的成本竞争。

7.1　网络间的协同作用：整合的关键驱动力

当一家航空公司加入一个联盟，或者当航空公司决定合并时，他们会事先研究潜在的协同效应，以证明与其利益相关者、资本市场协同以及通常向自身协同的合理性。最终沟通的协同量必须准确，同时服务于他们的沟通目的。协同效应的大小可能会对并购或接管的财务设计产生深远的影响。例如，考虑一下合并交易中谁"拥有"协同效应的问题：是买方还是卖方？无论哪种情况，支付的任何额外费用都必须由协同效应提供全部资金。如果预期协同效应能够尽早实现，则收购的相关风险较低，因此价格溢价应较高。如果协同效应有可能在晚些时候生效，那么价格溢价必须更低，这反映出它们的风险更高，净现值也更低。如果价格溢价高，而且协同效应来得晚，那么从合同签署的那一刻起，协议就失效了。

在所有的航空公司协同分析中，网络起着核心作用。在最近的合并中，一些新闻评论员将网络重叠的缺乏视为协同互补的一个指标，而另一些评论员则认为网络重叠的程度正在推动协同效应。对一些人来说，重叠是成本协同效应的来源；对另一些人来说，重叠是收入协同效应的来源。因此，需要进行一些澄清。

此外，许多争议集中在如何可靠地评估协同效应上，无论是自下而上的方法（航空公司的偏好），还是自上而下的方法（投资银行家的选择）。这尤其适用于网络协同效应：

● 用自下而上的方法分析所有相关职能部门和业务部门的可行协同效应。航空公司通常采用这些方法，因为它们提供了协同效应可能产生的最详细视图，以及协同效应的源泉和大小顺序。

● 自上而下的方法使用基准和经济计量模型来评估协同效应。

这两种方法各有优缺点：自下而上的方法可以更详细，但更容易受到有偏见观点的影响——协同效应一般不会在预期的领域实现。另外，自上而下的方法可能更有效，但不能很详细。然而，经验表明，这两种方案都转化为类似的总体结论。

与网络相关的协同效应是非常重要的，因为它们的数量及其对涉及航空公司的相对贡献，它们对各个联盟或合并的治理有着深刻的影响。

有观点认为两个网络可以"很好地互补"，其实是被高估了，因为最为关键高效的协同效应并非来自网络范围的扩大。通过以下方式，充分利用网络重叠和市场影响力，将会发现巨大的潜力，以及真正难以实现的成果：

● 先进的收入管理技术在重叠市场上的应用；

● 在重叠的垄断市场上进行产能削减或计划调整；

● 在重叠市场对公司客户进行联合销售管理。

不重叠的网络将无法提供任何有效的成本或收入协同效应；相反，如果两个网络完全重叠，则其中一个是多余的。因此，仔细分析网络重叠的数量和结构对理解网络协同作用至关重要。

7.1.1　网络协同效应难以监测

在合并过程中，新闻发布会的话题都是关于未来的协同效应，而关于实际协同效应是否成功的公布数据则要模糊得多。任何外部观察者、金融分析师或行业专家都无法从资产负债表或损益数据中推断出被转化成收益的协同效应兑现成现金的时间、类型和范围。相反，个别航空公司能够准确评估它们的成本节约或收入流中有多少来自协同效应或其他来源。早在 2000 年，奥地利航空公

司就从享飞联盟转投星空联盟，希望消除德国和奥地利之间高收益航空公司的
运力过剩所造成的损失。在随后的几年里，这种希望可能得到满足，也可能得
不到满足。然而，与此同时，低成本航空公司严重影响了德国和奥地利之间的
收益率。因此，不可能评估昨天承诺的协同效应在今天实现了多少。在一个进
入门槛低、动态竞争的行业，协同效应很少与预测的数字相匹配，正如现实很
少按预想的剧本进行。

7.1.2 协同效应并不总是并购中最优先考虑的问题

尽管资本市场可能总是将各种各样的奇特协同效应视为现实和既定的因素，
但更多的航空公司高管正在避免严格实施协同效应。原因主要有以下两方面：

- 如果高比例的成本协同效应是由于裁员造成的，那么一项符合资本市场预
期的刚性裁员政策，可能会损害任何可行的服务文化，从而抵消预期的协
同效应。然而，美国、欧洲和亚洲之间可能存在差异，在这些地区，这种
文化效应确实很重要。
- 第二个原因与治理相关。实现与网络相关的协同作用（进度和收益管理同
步）显然需要一个集中式的网络管理组织和明确的责任分工。然而，就像
汉莎航空（LH）的情况一样，分散式枢纽管理的概念，强调分散的实体经
营以及最大限度地利用理论协同的机会进行内部竞争（"多网络管理竞
争"）。

7.1.3 网络协同效应：对谁有价值？

从财务或数字的角度来看，对公司合并中的双方来说，协同效应所代表的
价值可能是相同的。然而，就战略影响而言，同样的协同效应数字对每个合作
伙伴来说可能意味着不同的东西，而且在考虑谁在买谁在卖之前，就已经心知
肚明了。

考虑以下两种情况：

首先，让我们假设网络重叠只占主要航空公司网络的一小部分，而相同的重
叠相当于较小合作伙伴网络的大部分（见图 7-1）。这种情况更多出现在大航空公
司吞并小航空公司，而不是两家公司合作。

平衡、对称、轻度网络重叠	
	• 有限的网络重叠，对双方有同等影响
	• 可能存在合理的协同效应
	• 联盟治理不用考虑会发生严重冲突
平衡、对称、高度网络重叠	
	• 两个网络高度重叠
	• 可能产生非常高的协同效应
	• 治理模式必须考虑发生严重冲突的对策
	• 高度不稳定：合作伙伴更有可能转变为竞争对手或直接被兼并
不平衡、不对称的网络重叠	
	• A（左）与B只有少量的网络重叠，B（右）与A却有大量网络重叠
	• A迟早会吞并B

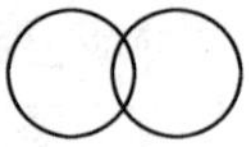

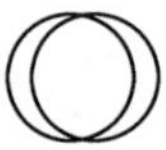

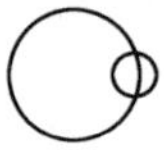

图7-1 网络重叠对谁有价值？（网络重叠的总量和两个合作伙伴之间网络重叠的分布同样重要）

第二种情况，若两家航空公司的网络严重重叠，并深入到两家航空公司市场的核心。经验表明，过多的重叠更容易导致冲突，而不是协同。网络重叠的对称或非对称比例，对于理解提议的联盟或合并的利弊方面，至少与协作或重叠的原始数据一样重要。这是利益相关者和股东之间发生冲突的高概率领域，并会对合并提议的长期成功带来负面影响。

网络协同效应可能同时是协同和竞争的一个来源：一些航空公司在各自网络的大部分领域都是强劲的竞争者，但仍然在选定的航线上形成代码共享合作协议。Brandenburger 和 Nalebuff（1996）对这种现象用术语"合作性竞争"描述。在全球所有中转连接中，代码共享的比例接近 14%，航空业可以作为司空见惯的"合作性竞争"的先进例子。

7.2 协同共享准则：简单或公平，但绝不是两者兼而有之

航空公司经常合作，无论是在每条航线上以代码共享的形式合作，还是像在全球联盟中那样的整体合作。对于选定市场的合作服务，合作航空公司必须就如何分担成本或分配收入达成协议。对于特定直达航线上最简单的代码共享协议，"按比例分配"机制已经建立得很好。为了适应中转路线上更复杂的代码共享，航

空公司用额外的协议补充了简单的按比例分配的协议。然而，当航空公司同意在其网络的广泛领域进行合作时，成本效益共享就变得复杂起来。例如，当航空公司寻求在北大西洋等长途市场进行合作时，情况就是这样。所有关于分担成本或分配收入的公式都不可避免地有一个弱点：这些公式要么简单，要么公平，但决不能两者兼得。在第 6 章 6.8 节中，我们讨论了评估承担重要的中转前和中转后流量的单一航线的网络价值的过程复杂性。如果很难在航空公司管理会计系统的封闭框架内进行评估，那么在各航空公司之间（各航空公司都有自己的资产负债表和股东）进行规划和监控又有多困难？影响深远的合作需要大量资金，因此，成本和收益分成方案必须得到高级监督委员会或股东委员会的批准。那些可能得到网络专家支持的规则，却不太容易被股东委员会理解。另外，股东委员会容易理解的规则不太可能得到网络专家的认可。此外，要实现公平需要复杂的规程，为监测这种复杂的规程而需要的努力和有关费用（这些努力和花费必然在所有合作航空公司重复）可能会抵消协同所带来的收益。广泛的合作和充分发挥协同作用最需要财务协同，否则达不到最优化。

7.3 反垄断豁免：是不受规则约束还是不受约束的规则？

网络重叠已日益成为航空公司合并的反垄断（ATI）决策中的一个问题。在 ATI 案例中，监管机构和航空公司面临的挑战是"什么是市场"的适当定义？在过去，反垄断当局常常采用简单的"目的地重叠"或"路线重叠"的观点来判断合并中转和流量驱动网络的竞争影响。这导致了批准不适当的合并，并拒绝（或通过破坏性约束来限制）本应批准的合并，如果这些合并是以适当的竞争水平衡量的话。举几个例子：如果一条选定的长途航线承载 80% 的中转流量，该航线的竞争地位则只能通过比较使用选定该航段始发地作为目的地的航线，或该航段的目的地作为始发地的航线来评估（另请参见图 1-5）。如果竞争是关于一个源发市场（见第 1 章 1.3 节），那么时刻支配的问题是适当的。然而，如果 O&D 对可以通过其他线路轻松连接，那么在一个选定的中转点的时刻支配并不一定会扭曲竞争。近年来，申请人、反对者和监管部门在法庭上使用各种被认为是必要的（可以理解，但目光短浅）的定义，以赢得手边的官司，极大地歪曲了正确的市场定义。重要的是，监管部门在表明立场时，应始终如一地采用更恰当的市场定义，尽管这些定义可能更为复杂，也难以从法律角度进行评估。表 7-1 说明了各种市场和有关的竞争类型，并确定了判断潜在需求的适当性能指标和保护公平竞争环境的措施。

表 7-1 竞争对象和特定市场参与者的潜在竞争优势相关指标

竞 争 对 象	特定市场参与者的竞争优势指标
发源地或客源市场 （参考第 1 章 1.3 节）	在本地公司销售点、登机口、停机坪或柜台位置一定情况下，出港航班可用座位公里数（ASK）、座位容量、MIDT 或 BSP 记录的订票数的份额
目的地市场 （参考第 1 章 1.4 节）	进港航班、可用座位公里数（ASK）、座位容量、登机口、停机坪或柜台位置的份额
转运点（枢纽）	在备用换乘枢纽处，重叠中转行程的数量（绝对和按连接座位加权）
路线 （参考第 1 章 1.5 节）	起降架次份额或座位运力份额
中转或 O&D 对 （参考第 1 章 1.5 节）	在备用换乘枢纽的重叠中转行程的数量和价值

第8章 多枢纽网络：是复杂性杰作还是噩梦?

摘要：放松管制后不久，美国就出现了具有多个主要中转枢纽的网络，欧洲和亚洲的航空公司也迅速跟进。最近几年来，许多航空公司的合并加速了这一趋势。具有多个枢纽的网络覆盖更多的区域空间，处理更多的中转流量。另外，多枢纽网络比相互竞争的各自为政的多个枢纽网络表现出更明显的重叠，刺激了竞争，但也加速了产量侵蚀。除了扩大区域范围和规模外，多枢纽网络还为乘客提供各种出港和进港中转旅行的行程，所有这些都在相同的费率结构内。多枢纽网络通常在一天中的类似时间在同一个 O&D 上提供多个行程，从而产生潜在的内部竞争。本章分析了多枢纽结构的优缺点，并介绍了在这种复杂网络中评估和改进同步性的策略。

到目前为止，我们已经假设了一个有相关前序和接驳线路的单一的枢纽网络，但是具有大区域范围和高密度服务的网络可以从众多中转枢纽中获得强大的利益。当太多重要的中转连接需要过多的绕航时，单枢纽系统会达到上限。举个例子，美国东海岸的高性能枢纽对于服务美国西海岸的南北交通没什么价值。向其他市场扩张的网络最终必须建立新的枢纽，以竞争性地服务于这些新地区。在收购另一家航空公司时，收购航空公司通常会继承需要集成的单枢纽或多枢纽网络。

但是，部分服务于相同 O&D 对的临近枢纽是多余的，并且应该省略其中一个重叠中心的论断可能是短视的。多枢纽航空公司很快发现，即使是各枢纽之间存在巨大的"内部"重叠，如果加上最先进的收入管理技术，也能产生巨大的效益。因此，航空公司现在强调内部重叠，并积极开发临近的枢纽 [例如，法国航空（AF）在巴黎夏尔·戴高乐机场（CDG）的枢纽，荷兰皇家航空（KL）在阿姆斯特丹国际机场（AMS）的枢纽，德国汉莎航空（LH）在法兰克福国际机场（FRA）、慕尼黑国际机场（MUC）和苏黎世机场（ZRH）的枢纽]。多枢纽网络在美国已广泛分布多年，最近迅速出现在欧洲，但尚未在亚洲得到充分开发。

8.1　多中心策略的原型

1978 年，美国出现了多枢纽系统以应对放松管制。直到 20 世纪 90 年代初，当欧洲开始放松管制时，"国内"指的是繁多的中小型国家，每个国家都有一个"枢纽"（通常是首都），并由相应的"国家"或"旗舰"承运人服务。结果，欧洲被众多分散的枢纽所覆盖，但这些枢纽彼此隔离，而不是同步网络的一部分。如今，这种情况已从根本上发生改变并继续演化。与此同时，法国航空（AF）和荷兰皇家航空（KL）已经在阿姆斯特丹国际机场（AMS）和巴黎夏尔·戴高乐机场（CDG）中整合并同步了它们的主要枢纽。除法兰克福国际机场（FRA）外，德国汉莎航空（LH）还开发了慕尼黑国际机场（MUC），已经并购了瑞士航空（LX）及其苏黎世机场（ZRH）的枢纽，布鲁塞尔航空（SN）及其布鲁塞尔机场（BRU）枢纽，和奥地利航空（OS）及其维也纳国际机场（VIE）枢纽；并即将开发米兰马尔彭萨国际机场（MXP），以进入意大利北部中心。

航空公司在开发多枢纽系统时遵循不同的战略目标。以下两种不同的多枢纽战略占主导地位：

- 规模策略旨在优化换乘交通量和空间覆盖。规模驱动的多枢纽战略通常适用于枢纽相距很远的大型单一市场。理论上，多枢纽网络中的整体连接最好使用数量尽可能少而且规模大的枢纽。由于规模更注重单位成本优势，枢纽之间的内部网络的高度重叠被认为是不利的。位于美国的多枢纽网络的传统目标是提供最佳的区域覆盖。在竞争枢纽之间的高重叠中转流量推动了市场份额争夺的同时，还可能会增加收益率的压力，并引发公司合并中网络重组的问题。
- 范围策略强调收益而不是产量。为此，范围策略驱动的航空公司更多地关注高收益来源市场或源发市场的主导地位，而不是 O&D 的主导地位。欧洲有比美国更高收益的市场，因此，规模策略似乎对美国环境具有高度适应性，但对欧洲市场的适应性较低，而范围策略则相反。美国通常遵循规模策略，欧洲通常是遵循范围策略。

法国航空（AF）和荷兰皇家航空（KL）合并后，迅速采取行动，全面整合其关税结构。通过这种方式,他们可以在早上为出港航班的乘客提供通过巴黎夏尔·戴高乐机场(CDG)连接的可能性,并在晚上通过阿姆斯特丹国际机场(AMS)提供回港连接的可能性,所有这些都在相同的关联结构和系统内。这种机制被称为 "票价组合",它要求在每个 O&D 对上,两家航空公司都提供相同的预订舱位类型和票价,以及相同的适用每种预订舱位类型的限制,以及完全透明的预订和库存系统。结果,乘客感觉到就像是一家航空公司提供的票价系统。根据所需的IT 投资,实施联合票价的成本通常很高,但如果将联合票价应用于重叠程度高的市场,也会带来好处。

8.1.1 多枢纽网络中的规模、范围和网络重叠性

特别是在追求范围策略的多枢纽网络中,可以发现参与枢纽之间存在显著重叠。通过多枢纽网络中的多个枢纽提供 50% 的 O&D 对并不罕见。如果战略重点是范围,或者在网络中添加高收益销售点(POS)市场,则可能会出现相当大的重叠。这种内部重叠可能导致:

- 冗余的运力;
- 一贯到底的联合票价。

当达美航空(DL)收购竞争对手西北航空(NW)时,以前在枢纽之间的竞争重叠变为内部重叠:西北航空(NW)从前在底特律机场(DTW)的前枢纽显著地与达美航空(DL)在辛辛那提机场(CVG)的枢纽重叠,而西北航空(NW)从前在孟菲斯机场(MEM)的前枢纽与达美航空(DL)在亚特兰机场(ATL)的枢纽强烈重叠。因此,两个枢纽的运力都受到严格审查。对于辛辛那提机场(CVG)来说,目的地数量从四年前的 140 减少到 70。法国航空(AF)和荷兰皇家航空(KL)合并后,强调运力增长胜过成本,他们引入了 O&D 对的彻底同步(参见本章第8.3.1 节)和一贯到底的联合票价。

8.2 增长的自我放大

如图 8-1 所示,与较小的机场相比,欧洲大型枢纽享有较高的中转份额。在其他条件相同的情况下,这是以牺牲较小的机场中转交通为代价的。显然,规模

效应的阈值，也称为"枢纽效应"，为所示机场的增长提供了进一步的推动。低于此阈值，对于太小的机场不会产生同等的效果。

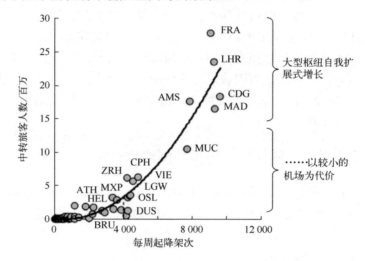

图 8-1 欧洲机场自我扩展式增长（2007 年夏季数据）

枢纽效应背后的驱动力是什么？如第 3 章第 3.1 节所说，命中数与给定枢纽处的航班起降数量的平方成正比。显然，乘客更喜欢通过枢纽连接，因为枢纽提供许多连接机会。乘客偏好不仅取决于单个连接的质量，还取决于中转点的质量。这一发现对多枢纽战略具有根本性的影响：鉴于枢纽效应的影响，一个大型枢纽吸引的转机乘客数量远远超过两个一半规模的枢纽吸引的转机乘客数量。因此，航空公司在尽可能少但尽可能大的枢纽上运营更加有利可图。多枢纽只能通过空间扩展来实现，需要提高高收益销售点（POS）为特征的小型枢纽的市场影响力来实现，或者容量限制不再允许在给定枢纽基础设施继续增长来证明。后一个例子也说明了为什么地方城市机场系统不能像单个枢纽一样具有中转效率：基础设施的脆弱性严重削弱了网络的中转效率。

8.3 在多枢纽网络中 O&D 对的同步

在多枢纽的网络中，在同一 O&D 对上同步各种行程的日时刻模式可以显著提高服务质量和竞争力。例如，如果通过两个不同的中转枢纽提供美国东海岸到西海岸的 O&D 对服务，但是所有的出发和到达时间几乎是相同的，那么这两个行程在同一个客运航段具有竞争性。相应的，航空公司以虚拟的冗余行程与自己竞争，有时在分析联盟伙伴的组合时刻表时，也可以找到这种不良的同步模式。

在一个高度同步的多枢纽网络中，各种行程相辅相成。例如，一个行程在始发地每偶数整小时出发，而其他行程则在每奇数整小时到达。在图 8-2（a）中，从 ORG 到 DST 的 O&D 对都通过 AAA 和 BBB 提供衔接服务，通过 AAA 和 BBB 的连接都同时从 ORG 离开，同时到达 DST，相互蚕食市场份额。在图 8-2（b）显示的时刻表中，O&D 对也是分别通过 AAA 和 BBB 的连接，但是服务时刻是交替进行的，从而使得通过 AAA 和 BBB 的连接是互补的，而不是相互蚕食。

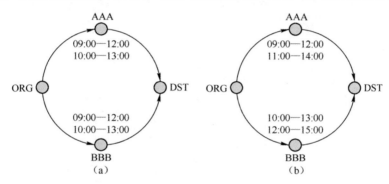

图 8-2　多枢纽系统中的同步

8.3.1　如何识别不合适的同步

如果同一航空公司（或联盟系统）网络内的另一个直达或中转连接航班，在当前连接航班的 STD 减 30 分钟到 STD 之间离开，即在当前中转连接航班的初始段的离场时刻（STD）之前 30 分钟或这个时点稍后的时刻（仍然是 STD 之前，包括 STD 时点）离开；并且在当前连接航班的最终段的进场时间（STA）之后不迟于 30 分钟到达，则给定的当前中转连接和另一个中转连接是没有很好协调同步的。30 分钟的缓冲时间可根据不同的市场方面而有所不同。在图 8-3 中，显示了一组美国主要航空公司的所有命中数中非同步命中数所占百分比。这些数字大胆地强调了在多枢纽网络中正确协调同步备用行程的重要性。

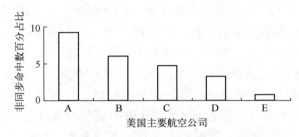

图 8-3　美国主要航空公司的多枢纽同步水平

第9章　航空网络评估和优劣势比较

摘要：本章介绍网络的基准并回答以下问题：网络与其他网络相比表现如何？哪些特征可以比较，哪些不能比较？哪些可量化关键绩效指标（KPI）合适？本章研究了不同类型的基准网络特征，并补充了具体关键绩效指标的选择示例。

通过比较基于量化关键绩效指标（KPI）的网络结构特征，基准可以揭示相对优势和劣势，最重要的是，可以揭秘竞争对手的网络策略。由于各航空公司的地理、政治、人口、法规和竞争环境不同，网络策略也应该不同。因此，必须注意不要把不同类型的事物（比如苹果和橘子）作比较，得出不恰当的结论。例如，廉价航空公司 20 分钟的 TAT 应该会对网络运营商施加压力以提高效率和生产率，但是，如果网络运营商的程序对可比类型的航空器需要花费 30 分钟过站，则不应被视为低劣。基准最重要的好处是，它可以帮助描述明显的网络特征背后的战略意图。基准也可以揭示网络的潜在风险，从而为运营特定网络的航空公司提供评估指标。

为了全面描述网络的特点、优势和劣势，我们必须考虑以下六个基本的关键绩效指标（KPI）类别：

- 需求量和需求结构；
- 产品、生产效率和运力；
- 连通性；
- 地理范围；
- 暴露的风险；
- 上述类型的趋势。

大多数关键绩效指标（KPI）都是重要的全系统指标，是枢纽（从航空公司角度）级的，或机场（从机场角度）级的，这同样适用于历史趋势。在不同航空公司和机场中使用的 KPI 可能略有差别。

9.1 如何对标需求量

一家航空公司或机场可以为许多城市对提供服务，并同时运营许多航班和目的地，展现最高的连通性评分。但是，如果需求量不足导致上座率低，这一切都没有价值。充足的乘客需求量（收益结构）是所有网络的核心和支柱，因此，了解所提供网络 O&D 对的收益是"瘦"或"肥"至关重要。显然，中等或高收益 O&D 对占比越大越好，因为如果普遍存在低收益和脆弱的 O&D 对，将使网络产生相对高的运营成本。

但是，需求量数据对于正确权衡命中数、网络重叠和其他 KPI 也至关重要。需求量本身也是枢纽地理位置的绝佳性能指标，它通过累计某个枢纽、航空公司或机场所服务的所有 O&D 对，即可得到总 O&D 需求量。与特定市场的服务质量数据（服务质量指数 QSI，参见第 2 章 2.3.4 节）相比，乘客需求量数据必不可少，能识别供过于求或供不应求的市场和增长机遇。

图 9-1 比较了两家大型欧洲航空公司在各自主要枢纽的 O&D 运营情况，按直达和中转 O&D 进行区分，图中灰色表示低收益（瘦）的 O&D 对，白色表示中等收益 O&D 对，黑色表示高收益（肥）O&D 对。航空公司 A（左边）代表一个拥有很少的高收益直达 O&D 对市场的网络，或者说是拥有中等收益 O&D 对市场，高比例的中等收益中转 O&D 弥补了这个劣势。相反，航空公司 B（右边）拥有大比例的中和高收益直飞 O&D 对，但缺乏显著的中等收益中转 O&D 对。这些数据与潜藏的网络策略可能存在因果关系。无论如何，数据明确表明，航空公司 A 依赖中转航班，而航空公司 B 依赖直飞航班的强势需求。

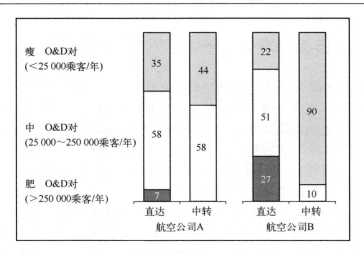

图 9-1 按需求类别（百分比）划分的两大欧洲航空公司的 O&D 基准

9.2 如何对标产能和运力

机组成员和航空器等昂贵资源的使用对公司利润有直接影响，利用率数字的对标有助于挑战并改进现有运营流程。

"运力"一词有不同的含义，这取决于它是否与机场或航空公司一起使用。对于航空公司，运力是指航班、座位或登机口的数量；对于机场管理人员，同样的术语是指跑道容量。因此，术语"产量"在这里被用于指给定网络提供的进港或出港起降数量、航线数量或目的地的数量，座位容量、可用座位公里数（ASK）、尖峰波模式（例如，在给定的枢纽处，以起降架次的包络线的标准偏差来测量），或航空器利用率。特别是对于机场而言，各个机场的高峰起降量是一个很好的指标，表明机场的关键资产（跑道和航站楼）在一天中的利用情况。

另一个有指导意义的生产率指标是时刻表的一致性。时刻表一致性度量具有一致的离场时刻（STD）、进场时刻（STA）、航空器类型或航空器系列，以及航班号，且服务周一到周五的航线占所有航线的比率。一致性得分低通常是存在大量短期机队飞行任务的一个指示，而高一致性通常是先进定价机制的结果。

9.3 为什么连接基准化对于揭示网络策略至关重要

如图 9-1 所示，一些航空公司策略强调本地业务，而另一些则侧重于中转业务。航空公司或枢纽越依赖于中转流量，连接就越重要。了解特定航空公司或机场与其竞争对手之间的连通性对于优化给定网络，以吸引尽可能多的有价值的中转航班非常重要。在关键中转 O&D 对的连通性方面失去优势，将很快转化为市场份额的流失，并可能导致市场份额呈螺旋式下降以至于现金损失。

根据所需分析的深度和竞争比较的深度，基于连通性的 KPI 可能变得复杂。对命中总数进行基准化（从枢纽角度），或将命中数标准化为进港航班数（从乘客角度）或期望的命中数（见第 4 章第 4.2 节），得到直接连通性 KPI。对连接时刻剖面图进行基准化（图 2-14），以评估连接航班达到相互补充的目的，而不是形成冗余的同步程度如何，这是一项艰巨的任务。

连通性最基本的指标是航空公司在给定机场或全系统的在线命中的绝对数。在连接基准中包含代码共享航班时必须小心，连通性主要由在线连接驱动；虽然线间或代码共享连接可以增强基本的连通性，但它们很少能决定航班波的设计。

除了命中的绝对数量外，航空公司还需要了解平均每个进港航班有多少接驳航班可用，反之亦然。因此，"命中/进港架次"这个 KPI，是一个易于应用且功能强大的连通性指标，可用于反映接驳能力。此外，乘客更感兴趣的是到达换乘枢纽时提供的命中次数而不是对给定枢纽提供的命中总数。不得不重申，"命中/进港架次"是一个恰当的 KPI。

命中的绝对数和命中/进港架数在一定程度上都受到潜在航班起降数量的影响（其中的原理参见第 4 章 4.2 节）。以下两个 KPI 提供了一个没有这种影响的连通性指标："命中数/进港*出港"或"命中/预期命中"。在第一种情况下，命中次数相对于理论上最大可能命中数进行标准化；在后一种情况下，命中次数与一天内随机分布的进出港航班的预期命中次数进行了标准化。

到目前为止，所有的命中都被同等地评价，然而在现实中，有些命中比其他命中更有价值。在设计或评估时刻表时，时刻规划人员需要指标来强调高价值的连接，而不强调有限价值的连接。命中数必须根据期望的价值或重要性进行加权。

根据上述定义，2 个 50 座航班之间的命中和 A321 与 A380 之间的命中是相同。

要纠正这一弱点，必须对命中进行加权。

Danesi（2006）、Bootsma（1997）、Burghouwt 和 de Wit（2005）以及 Veldhuis（1997）提出了用于权衡连接的 QSI 方法。Burghouwt 和 de Wit（2005）开发了"加权间接连接数"，由此得到两个比率（相对于大圆距离的绕航系数，以及中转时间与最大连接时间的比值），然后用各自的相关因素对每个比率进行加权。给定集枢纽的总连接数是所有"加权间接连接数"的总和。Danesi（2006）引入了加权因子，以补充 Doganis 和 Dennis 最初开发的"连通性比率"。在评估某特定的命中或总枢纽时刻表对中转乘客的吸引力方面，这些方法都不如逻辑回归或神经网络方法。基于 QSI 指标集的加权连接的复杂性，与逻辑回归没有太大的不同。综合考虑本方法的缺陷与概念复杂度，更强大的逻辑回归或神经网络方法是规划人员较喜欢的。

9.4　网络有多大？对标地理范围的重要性

网络的规模很重要，给定网络越大，产生规模效益（单位成本优势或改善的市场影响力）的可能性就越大。规模可能源于对数量有限的目的地的高频服务；或者源于许多目的地的服务频率适中，但航空器类型相对较大，或者强调中长途飞行。

航空公司网络地理范围的评估，可通过统计每周有多少航班为对应目的地、城市、国际航空运输协会（IATA）地区提供服务来进行评估。在对这些数据进行基准化时，采用相同质量的数据很重要。例如，一些机场使用的数据来自各自的国家时刻协调员，他们为各自国家提供 100%的精度，但对其他国家则极少那么精确，以至于影响跨国基准对比。另一些则依赖电子时刻表数据，会受缺乏包机数据的约束。两种来源的数据显然不具可比性，如果混淆使用会使结果严重扭曲。

9.5　与其他风险相比，网络有哪些风险？

长久以来，特定网络策略和结构内含的多种风险类型都被忽视或低估了。随着越来越多的航空公司和机场暴露在资本市场的监管压力之下，管理有关网络的风险越来越受到重视。风险可能反映在对航空公司、机场及其各自股票的估值上，但也可能在特定网络的增长规划和资源配置中更好地平衡风险和机遇方面发挥重要作用。随着机场越来越多地要求为"航班取消"投保，保险公司在识别和评估网络相关风险时也愈加仔细。

网络相关风险可能源自以下几个方面：

- 与竞争对手的网络严重重叠；
- 所服务国家或目的地的政治、军事、金融或社会风险；
- 结构性运行缺陷，如连接过于紧密，造成高延迟风险；
- 高浓度二氧化碳、氮氧化物、噪声或其他排放物而导致的监管风险。

为了确定网络重叠风险，需要对网络重叠进行详细分析。对于特定国家的风险，必须计算某一特定航空公司在该国的座位容量份额及其各自风险类别。具体国家的风险数据可以从国际货币基金组织（IMF）、世界经济论坛（Schwab，2009）或商业供应商等政府组织获得。需求波动在国家层面的有效风险指标称作"信用违约交换"或简写成 CDS［与私有或政府债券（主权信用违约交换）的信用风险有关］。CDS 衡量应付利息，以覆盖债券或信贷的违约风险。利息可转换为违约概率（信用违约概率，CDP），从而产生需求波动的表征。航空公司网络的座位容量加权的平均国家风险，是衡量是否容易招致未知和特定国家需求崩盘影响的一个强有力的指标。

在图 9-2 中，我们比较了一些欧洲航空公司的需求违约风险。这类风险在航空公司中的蔓延令人惊讶，一些航空公司面临的风险是其他航空公司的两倍。这些风险指标反映了给定航空公司或机场服务的目的地组合中固有的风险。这些指标对于"高风险"航空公司的资源分配决策和对航空公司和机场股票的估值同样重要。

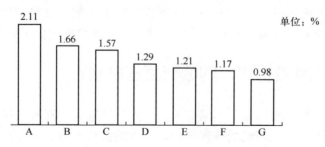

图 9-2　在选定的欧洲航空公司的整个网络中，需求的平均违约概率基准

9.6 网络策略应持续分析，无法靠单一 KPI 识别

随着时间的推移，不仅可以跟踪关键绩效指标的演变，而且由于航空公司提前数月公布了其时刻表，因此也可以预测关键绩效指标的未来发展。在竞争分析的背景下，这种预测可以作为一个强有力的预警系统。选定的关键绩效指标的演变可以揭示潜在的工业趋势，例如 2008 年经济衰退冲击市场后不久，全球大多数市场的需求和随后部署的运力急剧下降，或自 2009 年末以来缓慢复苏。对趋势的仔细分析也能显示出特定竞争对手的战略变化。

第 **10** 章 总体概念：航空网络
的层次结构

摘要：在本章中，我们将介绍（网络）分层结构的概念，作为对航空网络的更深入理解的框架，包括网络管理和网络控制的组织过程。

10.1 网络的关键是网络的层次

我们要说的航线网络并不仅仅局限在点和边（见第 1 章第 1.1 节）的层面上。事实上，航空公司网络代表着特定网络的相互依赖和分层的集成。每个层添加一组不同的新路径或边，用于特定层的用途。这样一来，每层都建立在下一层的路径或边上。

举例来说，我们在最低层级定义一组边，表示连接两个城市的客运需求。基于这样的基础需求边的集合，航空公司的规划者首先划分出一部分可由航班提供服务的需求总行程，假设总行程的其余部分将由其他交通方式（汽车、火车）提供服务。结果，原来的单独一条需求边被三条不同的路径所表示：需求路径由此转化为基本产品路径，然后规划人员将航线分为不同的"航段"，将其分为由航班相连的两段，从而提高运营效率。最终形成了一组层次网络，其每一层都立于另一层的基础上。若此网络层级是"自下而上"的，则每个"更高"层将较低级别的边分解为一系列后续边或后续路径。反之，若网络层级为"自上而下"，则较高网络层级的路径会聚为较低层级的单个边。

航空公司网络总是由许多不同的网络层组成，每一层都建立在一个从属网络的基础上，还接收来自"更高"层的反馈或向上提供前向信息。由于每一层都满足网络的严格定义，航空公司网络可以最好地理解为分层网络（见图 10-1）。

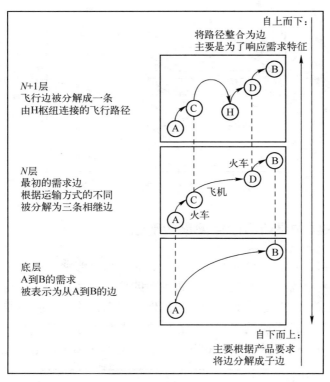

图 10-1　路径是同一网络较低层的边，反之亦然

Burghouwt 在 2007 年建立了一个二维框架来区分航线网络的空间与时间特征。这在当时的确是个不小的进步，但在结构原型、规划程序、组织效果和航线网络经济性等方面却仍不如分层次结构。

在其他领域中也可以寻觅到分层网络结构的影子，包括多层电子电路的设计、神经网络和软件工程等。但在这些实际应用中，各个层皆遵循相同的规则或语法。例如，在神经网络中，"神经元"的各个层遵循完全相同的规则，电子电路的设计也是如此。然而在航线网络中，每个层由一组不同的边定义，并且每层的交互语法或规则是不同的：一层反映需求；另一层反映运营或者"乘客通信"。分层航线网络在每一层都遵循不同的规则。在此意义上，网络的层次不仅使得人们很容易将航空公司网络概念化为二维层次的网络，而且还容易概念化为单一的三维网络。

在图 10-2 中，我们更详细地审视了航空公司网络的关键层。

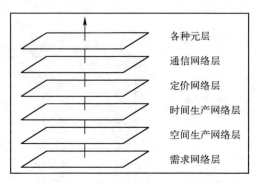

图 10-2　航空公司网络的各个层

10.1.1　需求结构是所有航空网络的基础

在最低层级上，航空公司网络建立在有旅行需求的乘客或公司代表的一个或多个网络上。对于希望从始发地飞到目的地的单个乘客，其需求网络由一系列松散的相关边组成，这些边将始发地、目的地（节点）的航班服务需求（边）连接起来。有趣的是，需求层网络在拓扑方面本质上是"分布式"的，即这些需求很少愿意通过枢纽连接（枢纽网络拓扑），但几乎总是更偏爱直达（见图 10-3）。

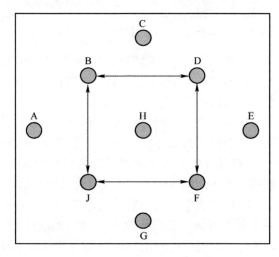

图 10-3　需求网络层的路径

10.1.2　将空间网络叠加在需求网络上

在下一个更高的层次上，航空公司必须决定一个基本的生产问题。给定一组独立的目的地（节点）和连接它们的边（需求水平），航空公司必须选择一组新的边。它们可能无法提供市场需求的 1:1 连接，原因可能是城市对过于孤立，或对大型航空器来说需求过于有限。因此，航空公司必须从生产的角度，找到一种将所有关键目的地联系起来的方法。例如，他们可以选择通过中转服务，而不是直达来连接某些目的地，用中转"连接"路径替换某些直达的边。

在 20 世纪 80 年代和 90 年代，大多数主要航空网络的空间设计都发生了重大变化。网络在空间上围绕一个或几个"枢纽"，或围绕连接许多边的"超级节点"。仔细研究空间网络设计的原型，我们可以看到他们各自都具有明显的优点和缺点。理论上，空间网络设计的三个原型比较占优势（见图 10-4）：

● 无中心型分布式网络；
● 具有明显中心的分布式网络；
● 只有一个中心的集中式网络。

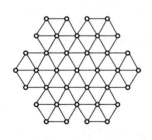 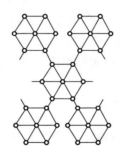 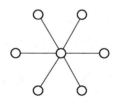

（a）无中心型分布式网络　　　（b）具有明显中心的　　　（c）只有一个中心的
　　　　　　　　　　　　　　　　　分布式网络　　　　　　　集中式网络

图 10-4　空间网络拓扑

图 10-5 将集中式网络结构强加给图 10-3 所示的网络需求结构。在定义这种结构及其主要路径时，许多潜在目的地已被排除在网络现在定义的空间范围之外。

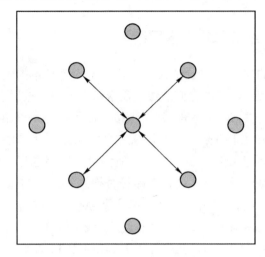

图 10-5　空间生产网络层的路径

评估航空网络空间集中度的一个简单而有力的指标是，在给定的网络中直达航线的数量与所服务的目的地的数量之比。Burghouwt（2007）回顾了量化航空网络空间集中程度的各种其他方法。基尼系数常用以量化社会中的收入不平等现象，他建议将其作为衡量航空网络空间集中度的最有效方法。本质上，如果机场（节点）之间的总座位容量是随机分布的，那么基尼系数对比相当于将航空网络中座位容量（分配给各边）的实际分布与理论分布进行比较。

10.1.3　下一步，添加时间层

在第三层，出发和到达时间被添加到空间生产网络的路径中（见图 10-6）。定义在商业上有意义且在操作上可行的出发和到达时间（目的），需要对所有关键资源（如航空器、机组人员和维修泊位）进行深入的生产计划分配（手段）。哪架航空器将按哪个顺序飞行（边的顺序或路径），何时飞行？哪个机组人员将按哪个顺序飞行？特定航空器何时需要返回特定的设施进行保养或维修？显然，这些问题取决于底层空间网络的结构。航空器通过网络路径的顺序和时间必须遵循底层空间生产网络的边，这同样适用于驾驶舱或客舱机组人员。航空器需要到技术设施

去进行定期检查的时间也取决于主要的空间生产网络。在将可靠时间添加到航空公司网络计划之前，必须定义特定航空器的类型（波音 737-300）和注册号（A-BCD）。

完成时间生产网络层的规划会触发一个重要的前馈和重要的反馈循环。⑦

- 时刻表是根据从时间到通信层的前馈循环而发布的。通过公布时刻表，航线便可以开始提供运输服务。
- 对于空间网络设计的最佳规划，生产规则和生产约束反馈是 LCC 的关键成功因素，因为 LCC 网络的目的地选择和空间设计由生产需求驱动。

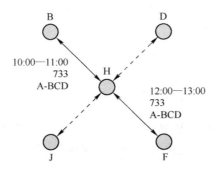

图 10-6　时间网络层

B 到 F 表示临时生产层的一条路径，通过中心（节点）H 连接两条边（BH 和 HF）。第一行文本表示计划的起飞和到达时间，第二行指定各自的航空器类型，第三行表示为这些航线服务的单个航空器的尾号。

10.1.3.1　定价层位于航空网络的生产驱动层之上

只要乘客按照时间生产层规划的直达或中转路径通过网络，这些流动将遵循计划的路径，而不会添加新的路径。然而，当两个或多个路径竞争同一架航空器中相同的座位时，乘客增加了新的层。在图 10-7 中，乘客希望通过枢纽 H 从 B 飞

---

⑦ 考虑从定价网络层到时间生产层的多个回馈环路，或从时间生产层到通信层的回馈环路是很有诱惑力的。从系统动力学的角度来看，由于反馈和前馈回路，这些回路会产生显著的振荡。这些振荡会导致组织冲突的症状。

往 D，另一名乘客需要通过枢纽 H 从 B 飞往 J。假设从 B 到 H 的航段上有相当高的上座率，则两个乘客可能争夺相同的最后可用座位。因此，我们有两种不同的（且冲突的）潜在价值流。许多高度复杂的方法（收入管理）已经被开发，并用来预测和解决这种冲突的潜在价值流。

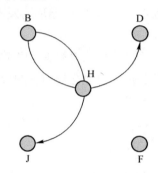

图 10-7　定价网络层的路径

两个多段路径 B—H—J 和 B—H—D 都在 B—H 航段上竞争相同的座位容量。在定价时，应根据最高价值需求来分配 B—H 段的座位。

10.1.3.2　若想科学分配一个航空网络，通信需要一个单独层

航空公司需要将其航线网络产品传达给公众，所以他们将电子时刻表上传到全球机票库［全球分销系统（GDS）或计算机预订系统（CRS），如 Amadeus 或 Sabre 订票系统］。航空公司还在各自的网站上公布其时刻表，并公布其时刻表的印刷手册版本。在这个阶段，航空公司不愿意强调哪些服务仅是通过枢纽中转的，而哪些服务是直达的。相反，他们为乘客提供了一大堆城市对的"服务"集合通告。图 10-8 表示运行图 10-5 中引入的航空公司的"服务"的示意性网络（连接两个不同的目的地）的集合。其次是运行细节，尽管它们也许是可用的，这对该级别的航空公司网络的拓扑结构具有重大影响。出于沟通和销售目的，航空公司的经理们对"使他们的网络看起来尽可能分散"非常感兴趣。在 GDS 的早期阶段，这种既得利益导致了 GDS 终端的"片面显示"。其目的是

隐藏或直接欺骗生产驱动的网络元素，这些元素和理想的通信系统显示的时刻
分布差异巨大。

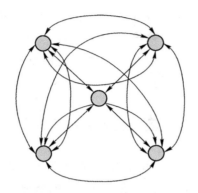

图 10-8　通信系统显示的网络层的路径

［在通信网络层，航空公司伪装已连接到每个目的地（节点）］

10.2　分层网络如何使网络更好管理

下面的四个例子展示了分层网络概念的强大功能，每一个都说明了分层网
络概念与网络战略开发、网络 IT 管理和网络控制结构之间的惊人相似之处并非
巧合。

10.2.1　更好地控制网络复杂性

复杂性随着层次结构往上而如同水泡从水底浮起来一般逐渐增大。在最低
（需求）网络层，各种各样的肥瘦（需求高低）城市对将更难定义可比较目的地
（空间生产层）的组合，或通过该分层网络轮换不同机队变得更加困难。如果一
系列成对的目的地的距离差异很大，会使得高效的航空器利用率规划变得困难。
将时刻添加到时刻表（临时生产）时产生的层，特别容易受到复杂性的影响。

网络运营商通过中转连接和中转连接相应的航班波结构极大地增加了时刻

复杂性，而 LCC 由于其典型的紧密轮换模式增加了时刻复杂度的要求。降低给定层的复杂性需要降低下面层中的复杂性驱动因素。反过来，掌握给定层的复杂性可以允许在下面的层次上更复杂。"枢纽管理"的组织概念（参见第 6 章6.5.2 节），说明了如何通过倒数第二的（空间）网络层的激进分割来解决更高网络层的过度复杂性。然后，每个枢纽管理机构将只管理整个网络的一小部分的复杂性。

10.2.2　网络管理关键流程应处在各网络层的范围之内

从底层到顶层需求、生产空间、生产时间、定价和沟通的层次结构反映了网络规划的关键过程（见图 6-1）。关键规划流程的范围与这些层的范围不匹配是组织失败的一个因素。这种等价性有助于将内容和各自的职责适当分配给各个关键流程、子流程和组织单位。

关键流程应与网络层匹配的另一个重要原因，是各种网络层与网络控制的贡献水平相匹配（参见第 6 章 6.6 节）。因此，尽管从网络拓扑的角度推断出网络层，但它们相当于各自的组织和会计流程。这种等价性可以大大简化成本分配到其"自然"组织站点的过程。

10.2.3　在同一层集成流程：职责、责任、工作流、决策标准、IT 系统

虽然网络的各个层明显不同，但这并不意味着每层只存在一个网络。在网络的运行层，可以找到多个并行网络。然而，这一层的网络结构的并行性是人为的，而不是概念性的。规划者们只是简单地将各种资源同时优化分配到并行且更可行的工作中，这样一来复杂度便被分解了。例如，航空器被分配到一个运行轮次时，驾驶舱飞行员被分配到不同的运行轮次，客舱机组被分配到与前两者完全不同的运行轮次。这些"运行轮次"和本章讨论的"变体"是同一个意思。最近的研究表明，遗传算法允许同时优化分配大多数资源和约束（尽管还没有完全约束），这有助于克服将集成的时间层细分为人工并行层"智能体"

的需要。为了促进分层关键流程的垂直（跨不同层）一致性，IT 系统的这种垂直（跨给定层）集成至关重要。如今，客舱和驾驶舱机组规划和管理、机队分配[⑧]、轮班计划、尾号分配[⑨]和维修泊位计划都是不同的成本中心，具有不同的报告路径，它们很少兼容数据模型和 IT 工具。在给定的网络管理层集成的进程越多，它们的操作就越顺畅，组织冲突就越少。

这用于克服将集成时刻层细分为人工平行层变体的需要。为了促进分层关键过程的垂直（跨越各个层）的一致性，IT 系统的这种水平（跨给定层）集成是至关重要的。现今，机舱和驾驶舱的工作人员计划和管理、机队分配[⑧]、轮换计划、尾号分配[⑨]和维护码头规划都是具有不同报告路径的不同成本中心；它们很少是兼容的数据模型和 IT 工具。在给定的网络管理层中集成的流程越多，它们运行的越顺畅，组织冲突就越少。

10.2.4　元层促进了对航空价值链的理解

分层网络的概念可以不局限于航空公司或机场网络，可以涉及更多的维度，例如，空中交通管制可以被概念化为已经分层的网络的元层。与普遍的看法相反，天空是受管制的：航空器只有在获得政府授权后才能推出运行。在没有官方许可的情况下，航空器甚至可能无法从停泊位置推出或启动发动机。一旦飞向空中，飞行员必须在任何给定时间严格遵循空中交通管制员的指挥，以确定飞行方向和高度层。整个天空密密麻麻承载着航路、飞行高度、民用或军用区以及进离场区域（见图 10-9）。在这种被称为"空域"的严格管制环境中，空中交通管制人员必须遵循公布的时刻表以及"时刻生产网络"的运行生产计划。因此，空中所有航空器在高空或低空空域的飞行，都不过是底层生产或产品网络层在更高层次的反映。

---

⑧　机队分配：分配一种特定类型的飞机，以服务于特定的轮换。

⑨　尾号分配：分配一架飞机给某一特定的轮换。

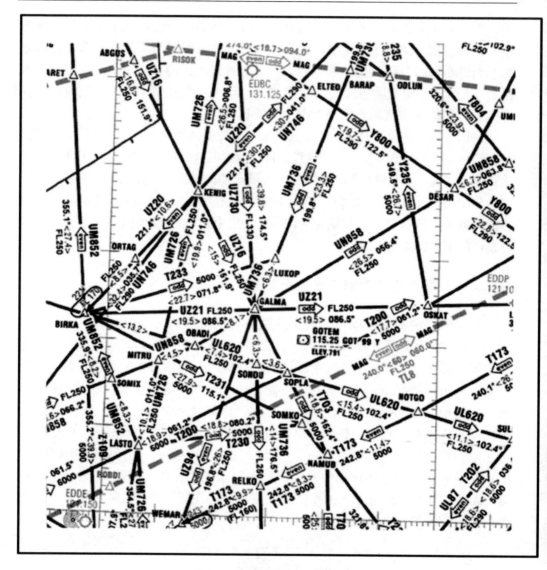

图 10-9　航空网络的元层

德国空中交通导航地图细节（DFS）

附录 A　市场研究清单

本地市场

- 需求是如何构建的？
——有多少乘客从该地区或城市出发或抵达机场？
——出港旅客的重要目的地是什么？进港旅客最常从哪个起点出发？
——实现或可以实现哪些收益水平？（按分销渠道、目的地或来源以及区域子市场划分）
- 集水区的区域扩张是什么？或者，更具体地说出售流量的门票在哪里出售？
——该地区的增长趋势是什么？这个市场有什么波动特征？
- 必须考虑哪些季节性影响？
- 宏观经济学适用什么？可以建立什么基础设施？
——起源和目的地的宏观经济和政治方面是什么？（GDP、监管框架、经济和政治稳定）
- 提供何种质量和容量的基础设施？机场可以扩大吗？什么噪声或宵禁限制适用？必须考虑哪些空中交通管制限制？机场的便利性如何？机场与其他交通方式（汽车，火车）的连通有多好？运营效率如何？
- 必须考虑什么样的竞争水平？
——航空公司必须应对什么样的竞争强度？
- 哪些常旅客计划（FFP）主宰市场？市场上有多少有效卡？这些 FFP 产生了多大程度的市场影响力？
——谁控制手头市场中的哪些公司账户？
- 其他哪些机场争夺相同或重叠的集水区？

城市对

- 需求是如何构建的？
——有多少乘客想从 A 飞往 B？
——对于此特定 O&D，乘客偏好的每日时刻和星期几是什么？
——哪些乘客群适用哪种弹性价格模式？
——这种 O&D 的增长趋势是什么？增长有多不稳定？
——必须考虑哪些季节性影响？
- 提供什么样的连接质量？
——城市对是否只提供点对点或中转？
——中转是否不合适或舒适？现有的连接选项有多少和多大的吸引力？
- 宏观经济学适用什么？可以建立什么基础设施？
——起源、连接点和目的地的宏观经济和政治方面是什么？（GDP、经济和政治稳定）
——原点、连接点和目的地的基础设施质量和容量是多少？机场可以扩大吗？什么噪声或宵禁限制适用？必须考虑哪些空中交通管制限制？机场有多少可以到达？机场与其他交通方式（汽车、火车）的联系有多好？运营效率如何？
- 必须考虑哪些基础设施条件？
——跑道、码头、停机坪、陆地侧容量和基础设施？
——最短连接时间？宵禁？
——准时和丢失行李统计？
- 必须考虑什么样的竞争水平？
——航空公司必须应对什么样的竞争强度？
——其他哪些机场正在争夺相同的中转流量？他或者"我"吸引中转流量到手头特定的 O&D 的优势和劣势是什么？

附录 B 缩 略 语

本书涉及的国际航空运输协会机场和城市代码

AMS 阿姆斯特丹-史基浦机场，阿姆斯特丹，荷兰

ATL 亚特兰大国际机场，佐治亚州，亚特兰大，美国

AUH 阿布扎比国际机场，阿拉伯联合酋长国

BOS 波士顿洛根国际机场，马萨诸塞州，美国

BRU 布鲁塞尔机场，比利时

BWI 巴尔的摩/华盛顿瑟古德·马歇尔国际机场，马里兰州，美国

CAN 广州白云国际机场，中国

CDG 巴黎夏尔·戴高乐机场，法国

CVG 辛辛那堤/北肯塔基国际机场，俄亥俄州，美国

DCA 罗纳德·里根华盛顿国家机场，弗吉尼亚州，美国

DEN 丹佛国际机场，科罗拉多州，美国

DFW 达拉斯/沃思堡国际机场，德克萨斯州，美国

DOH 多哈国际机场，卡塔尔

DTW 底特律都会韦恩县机场，密歇根州，美国

DXB 迪拜国际机场，阿拉伯联合酋长国

EWR 纽约纽瓦克自由国际机场，纽约州，美国

FLR 佛罗伦萨-佩雷托拉机场，意大利

FRA 法兰克福国际机场，德国

GRU 圣保罗瓜鲁柳斯-安德烈·弗朗哥·蒙托罗州长国际机场，巴西

HAM 汉堡机场，德国

HKG 香港国际机场，中国香港

HRG 古尔代盖国际机场，埃及

IAD 华盛顿杜勒斯国际机场，华盛顿哥伦比亚特区，美国

IAH 休斯顿乔治·布什洲际机场，德克萨斯州，美国

IST 伊斯坦布尔机场，土耳其

JFK 纽约肯尼迪国际机场，纽约州，美国

JNB 约翰内斯堡国际机场，南非

LAS 拉斯维加斯麦卡伦国际机场，内华达州，美国

LGA 纽约拉瓜迪亚机场，纽约州，美国

LGW 盖特威克机场，伦敦，英国

LHR 希思罗机场，伦敦，英国

LON 伦敦城市机场，英国

MAN 曼彻斯特机场，英国

MDW 芝加哥中途国际机场，伊利诺伊州，美国

MEM 孟菲斯国际机场，田纳西州，美国

MSP 阿波利斯-圣保罗国际机场，明尼苏达州，美国

MUC 慕尼黑弗朗茨约瑟夫施特劳斯机场，德国

MXP 米兰马尔彭萨机场，意大利

NYC 纽约机场，美国

ORD 芝加哥奥黑尔国际机场，伊利诺伊州，美国

PEK 北京首都国际机场，中国

PHX 凤凰城天空港国际机场，亚利桑那州，美国

PIT 匹兹堡国际机场，宾夕法尼亚州，美国

PRG 布拉格机场，捷克共和国

PVG 上海浦东国际机场，中国

RMF 马萨阿拉姆国际机场，埃及

SEA 西雅图塔科马国际机场，华盛顿州，美国

SHA 上海虹桥机场，中国

SIN 新加坡樟宜机场，新加坡

STL 兰伯特-圣路易斯国际机场，密苏里州，美国

TSN 天津机场，中国

VIE 维也纳国际机场，奥地利

ZRH 苏黎世克洛坦机场，瑞士

本书涉及的国际航空运输协会航空公司代码

AA 美国航空公司，美国

AE 华信航空公司，中国台湾

AF 法国航空，法国

CA 中国国际航空公司，中国

CG 巴布亚新几内亚航空公司，巴布亚新几内亚

CI 中华航空公司，中国台湾

CO 大陆航空公司，美国

CX 国泰航空公司，中国香港

CZ 中国南方航空公司，中国

DL 达美航空公司，美国

EK 阿联酋航空公司，阿拉伯联合酋长国

KA 国泰港龙航空公司，中国香港

KL 荷兰皇家航空公司，荷兰

LH 汉莎航空公司，德国

LUV 西南航空公司，美国

LX 瑞士国际航空公司，瑞士

LY 以色列航空公司，以色列

NW 西北航空公司，美国

OS 奥地利航空公司，奥地利

SN 布鲁塞尔航空公司，比利时

SQ 新加坡航空公司，新加坡

TG 泰国航空公司，泰国

UA 美国联合航空公司，美国

US 美国航空公司，美国

本书涉及的国际航空运输协会国家代码

GB 英国

TR 土耳其

US 美国

其他缩略语和符号

A 边或弧线

A321 空中客车 A321

A380 空中客车 A380

ACI 国际机场协会（世界上 6 个地区机场协会组织的联盟。总部设在瑞士日内瓦。6 个地区分会为:北美地区（总部设在华盛顿）、太平洋地区（总部设在檀香山）、亚洲地区（总部设在新德里）、拉美及加勒比地区（总部设在加拉加斯），非洲地区（总部设在开罗）与欧洲地区（总部设在布鲁塞尔）。该协会拥有 600 多家正式会员机场。）

APM 航空公司盈利模型（使用本公司的时刻表和竞争对手的时刻表作为输入，生成每个起落地或每条航线的可能市场份额的估计。）

ASK 可用座位公里数

ATI 垄断豁免权（在实践中，某些特定领域、特定事项或者特定情况下的垄断行为，尽管在形式上符合反垄断法的禁止规定，但总体上看却有利于社会整体利益，因而将其从反垄断法的适用范围排除出去，这就是反垄断法的豁免制度。垄断行为被豁免并不是说垄断行为对竞争没有危害，而是他对竞争的危害被其所带来的福利抵消，可见豁免是利益权衡的结果，在"利大于弊"的情况下，将其排除使用反垄断法的禁止规定。）

b 航空波数量

B737 波音 737-700

BDI 进港波持续时间

BDO 出港波持续时间

BDT 航班波总持续时间

Bh 轮挡小时

BOF 进离港航班波重叠程度

BSP 时刻协调计划

CAA 英国民用航空运输局

CAAC 中国民用航空局

CB 连接生成器

CDP 信用违约风险

CDS 信用违约交换

CO_2 二氧化碳

CRS 计算机预约系统

d 目的地数量

DB1B 美国航空公司 O&D 调查

DD 国内-国内航线连接

DFS 德国福斯公司

DI 国内-国际航线连接

dir 定向航段数量

DR 定向航段数量

DST 目的地通用三字代码

F 频率

facc 可用的定向出航航段数量

fav 有效的定向出航航段数量

FiFo 先进先出

GAO 美国政府问责办公室

GDS 全球分销系统

IATA 国际航空运输协会

ICAO 国际民用航空组织

ID 国际-国内航线连接

II 国际间航线连接

IMF 国际货币基金组织

inb 进港飞行数量

KPI 关键绩效指标

lag 对应的入站和出站半波之间的延迟（分钟）

LCC 低成本航空公司

LiFo 后进先出

m 经济"质量"（或权力）

MaxCT 最长连接时间

MCT 最短连接时间

MIDT 市场信息数据记录

min 分钟

mio 百万

MRO 维护和维修组织

N 网络

n 空港机场数量

NOx 氮氧化物

NPV 净现值

O 出发地

O&D 出发地与目的地

OAG OAG 公司

Ops 运行

ORG 出发地三字代码

outb 出港飞行数量

p 命中率

出港航段数量

p.a. 每年

P&L 损益表

P2P 点对点

POS 销售点

PSO 公共服务义务

Q 定向航路数量

QSI 服务质量指数

r 方向缩减因子

R 重力

s 定向出港航段数量

shift Time 出港波与相应的进港波的时间差

SL 航班出发到另一个机场到回到出发机场的时间长度（简称台阶）

SM 中短距离

STA 预定进场时间

STD 预定离场时间

T 机场的开放时间（分钟）

t 时间

T100 美国航段交通流量数据库

TAT 过站时间

te 出游时间

util 效用

V 顶点或节点

　　如果北、东、南、西等方向分别用大写字母 N、E、S、W 缩写，文本将明确指出此含义。

专 有 名 词

A

Aircraft Utilization	飞机利用率
Airline Profitability Models	航空公司盈利模式
Antitrust Immunity	反垄断豁免权
APM：Airline Profitability Model	APM：航空公司盈利模式
Asset	资产
Asset Utilization	资产利用率
ATI：Antitrust Immunity	ATI：反垄断豁免权

B

Bank	航班波
Design Structure Benchmarking	设计结构基准化
Benefit sharing	利益共享
Bi-directionality	双向式
Block Off Time	撤轮档
Block On Time	挡轮档
Buffer	缓冲时间

C

Circular swapping	循环交换
City pair	城市对

Codeshare	代码共享
Communication layer	通信层
Communication	通信
Complexity	复杂性
Connection builder	连接构建器
Connection timing profile	连接时刻剖面
Consolidation	整合
Continuous hubbing	连续枢纽
Contribution margin level	贡献边际水平
Cost of aircraft ownership	航空器所有权成本
Cost of Allocation	分配成本
Crew	机组人员
Curfew	宵禁

D

Demand layer	需求层
De-peaking	去尖峰
Deregulation	放松管制
Directionality	方向性

E

| Edge | 边 |

F

Fare combinability	票价组合
Fencing	围栏（廉价票价的限制）
FiFo：First-in-First-out	先进后出
Feeder	支线

Inconsistency	不一致性
Infrastructure constraints	基础设施限制
Itinerary	行程（路线）

K

Key performance indicator	关键绩效指标
Key process	关键流程
KPI:(key performance indicators)	关键绩效指标

L

Last-in-First-out	后进先出
Layer	层
Meta-layers	元层
Pricing network layer	定价网络层
Temporal production network layer	时间生产网络层
Spatial production network layer	空间生产网络层
Demand network layer	需求网络层
LCC：Low-cost carrier	低成本航空公司
LiFo：Last-in-First-out	后进先出
Logit	逻辑模型

M

Market	市场
Local market	本地市场
Market research	市场研究
Market share model	市场份额模型
Micro bank	微型航班波
MIDT：market information data tapes	市场信息数据磁带

Minimum connecting time	最小连接时间
MCT：Minimum connecting time	最小连接时间
Monte Carlo techniques	蒙特卡罗法
Multi-hub strategy	多中心策略

N

Nesting	嵌套
Network controlling	网络控制
Node	节点
NVC: Network value contribution	网络价值贡献

O

Omnidirectionality	全方位性
Operation clockwork	准时运行
Organization	组织
Outbound market	出港市场
Overlap	重叠

P

P2P: Point to Point	点对点
Passenger variable cost	乘客可变成本
Pillar flight	支柱航线
Pricing layer	定价层
Productivity	生产率
Profitability	盈利能力
Prorate	按比例分配
Punctuality	准时性

Q

QSI	服务质量指数

R

Random	随机
Rapid banking	快速航班波
Recovery gaps	恢复间隔
Revenue	收入
Reverse engineering	逆向工程
Risk	风险
Robustness	稳健性
Rolling hubs	滚动枢纽波
Rotation	轮换
Route profitability	路线盈利能力

S

S-curve	S 曲线
Scale strategies	规模策略
Scope strategies	范围策略
Self-amplification	自我放大
Slack	松弛
Spatial layer	空间层
Spill and recapture	溢出和回收
Stage-length	航程长度（本文特指航段飞行消耗的时间）
Supply	供给
Synergy Sharing Formula	协同共享准则
Synchronization multi-hub system	同步多枢纽网络系统

T

TAT: Turnaround time	过站时间
Time horizon	时间范围
Traffic right	航权

U

Upscaling	粗化
Utilization	利用率

V

Value chain	价值链

参 考 文 献

Bogusch LL (2003) Rethinking the hub-and-spoke airline strategy: An analysis and discussion of American Airlines' decision to depeak its schedule at O'Hare International. MS Thesis, Massachusetts Institute of Technology, Sloan School of Management, Cambridge

Bootsma P (1997) Airline flight schedule development: Analysis and design tools for European hinterland hubs. PhD thesis, University of Twente. Twente

Brandenburger A, Nalebuff B (1996) Co-opetition. Currency Doubleday, New York

Burghouwt G, De Wit J (2005) Temporal configurations of European airline networks. Journal of Air Transport Management 11:185–198

Burghouwt G (2007) Airline network development in Europe and its implications for airport planning. Ashgate, Aldershot

Burghouwt G, Redondi R (2009) Connectivity in air transport networks: Models, measures, and applications. University of Bergamo, Dept. of Economics and Technology Management, Bergamo

Casti JL (1995) Theory of Networks. In: Batten JRD (ed) Networks in Action. Springer, BerlinHeidelberg

Coldren GM, Koppelmann FS et al (2003) Modeling aggregate air-travel itinerary shares: Logit model development at a major US airline. Journal of Air Transport Management 9(6): 361–369

Danesi A (2006a) Measuring hub time-table co-ordination and connectivity: Definition of new index and application sample of European hubs. European Transport 34:54–74

Danesi A (2006) Spatial concentration, temporal coordination, and profitability of airline hub-and-spoke networks. Ph.D. thesis, Universita di Bologna, Bologna

Dennis N (1994) Airline hub operations in Europe. Journal of Transport Geography 2:219–233

Dennis N (2001) Developments of Hubbing at European Airports. Air & Space Europe (3):51-55

Doganis R, Dennis N (1989) Lessons in Hubbing. Airline Business 3:42–47

Flint P (2002) No Peaking. Air Transport World 39(11):22–27

Goedeking P, Leibold K et al (2008) Schlussfolgerungen. In: Initiative Luftverkehr für Deutschland (ed) Wettbewerbsfähigkeit des Luftverkehrsstandortes Deutschland. Frankfurt am Main

Grosche T (2009) Computational intelligence in integrated airline scheduling. Springer, BerlinHeidelberg Grosche T, Rothlauf F (2007) Air Travel Itinerary Market Share Estimation. Working Paper in Information Systems 6, Univ. Mannheim, Mannheim

Handelsblatt (2009) Lufthansa will Billigflieger kopieren. Handelsblatt Nov 17, 2009, Düsseldorf

Holloway S (2003) Straight and Level: Practical Airline Economics, 2nd edn. Ashgate, Aldershot

Jost R (2009) MS Thesis: Statistische Modellierung von Flugplänen. University of Giessen, Giessen

Klein R, Steinhardt C (2008) Revenue Management. Springer, Berlin-Heidelberg Keypost (2009) Delta and CVG expect more cuts. http://www.kypost.com/content/wcposhared/ story/Delta-And-CVG-Expect-More-Cuts/LDf8W5Qe0Em8zXG0tn18kQ.cspx. Accessed April 17, 2010

Lilien GL, Kotler P et al (1992) Marketing Models. Prentice-Hall, Upper Saddle River MacMenamin S, Palmer J (1988) Strukturierte Systemanalyse. Hanser, München Wien, Prentice Hall, London

Malighetti P, Paleari S et al (2008) Connectivity of the European airport network: "Self-help hubbing" and business implications. Journal of Air Transport Management (14): 53-65

Mandel B, Gaudry M et al (1997) A disaggregate Box-Cox Logit mode choice model of intercity passenger travel in Germany and its implications for high-speed rail demand forecasts. The annals of regional science 31:99–120

Maxon T (2010) Southwest adjusts schedule in bid to seek more connecting fliers. The Dallas Morning News, February 21, 2010

Morell P (2007) Airline finance. Ashgate, Aldershot

Paleari S, Redondi R et al (2009) A comparative study of airport connectivity in China, Europe, and the US: Which network provides the best service to passengers?. University of Bergamo, Dept. of Economics and Technology Management, Bergamo

Petroccione L (2007) Delta's Operation Clockwork. Transforming the fundamentals of an airline. Decision Strategies, Inc., Houston

Sala S (2009) Knowledge is Power. Airline Business, September 2009, 72

Schwab K (2009) The Global Competitiveness Report 2009-2010. World Economic Forum, Geneva

Sirower M (1997) The Synergy Trap. The Free Press, New York

Standard Schedules Information Manual (2008) International Air Transport Association. Montreal, Geneva

Vasigh B, Fleming K et al (2008) Introduction to air transport economics. Ashgate, Aldershot

Veldhuis J (1997) The competitive position of airline networks. Journal of Air Transport Management 3(4):181–188